# 会看人
# 你就赢了

苏墨 / 编著

吉林文史出版社
JILINWENSHICHUBANSHE

**图书在版编目（CIP）数据**

会看人　你就赢了 / 苏墨编著 . -- 长春 : 吉林文
史出版社 , 2018.10（2023.11 重印）

ISBN 978-7-5472-5520-9

Ⅰ . ①会… Ⅱ . ①苏… Ⅲ . ①心理交往—通俗读物
Ⅳ . ①C912.11-49

中国版本图书馆 CIP 数据核字（2018）第 234115 号

# 会看人　你就赢了

| | | |
|---|---|---|
| 编　　著 | 苏　墨 | |
| 责任编辑 | 陈春燕 | |
| 封面设计 | 韩立强 | |
| 图片提供 | www.quanjing.com | |
| 出版发行 | 吉林文史出版社有限责任公司 | |
| 地　　址 | 长春市净月区福祉大路5788号出版大厦 | |
| 印　　刷 | 天津海德伟业印务有限公司 | |
| 开　　本 | 880mm×1230mm　　1/32 | |
| 印　　张 | 6 | |
| 字　　数 | 120千 | |
| 版　　次 | 2018年10月第1版 | |
| 印　　次 | 2023年11月第5次印刷 | |
| 书　　号 | 978-7-5472-5520-9 | |
| 定　　价 | 32.00元 | |

# 前言
PREFACE

　　读心识人是一门通过人的外在表现来探测人的心理活动的学问，是认识自己、看透别人和看透人性的艺术。社交高手懂得通过密切关注对方的相貌，甚至连对方的言行举止、眼神、小动作等多方面的蛛丝马迹都会认真对待，仔细分析其真实意图。

　　人的一举一动都在泄露"天机"，一个无意识的动作，一句不经意的话语，都能反映人深藏不露的本意。在人际交往中，如何才能看人"不走眼"？如何才能瞬间识破他人心？如何才能在不为人知的情况下了解和影响他人？"读心"将心理学知识应用于日常工作、生活中，教你在与人交往的过程中灵活运用心理学的方法，用眼睛洞察一切，"读"懂他人的微妙心思，并对此做出精准的判断，使自己成为所在行业的终极赢家，进而在事业上取得突出的成就，赢得美好、幸福的人生。

　　现如今，社会交往的种种艰难之处，全在于个人无法洞察他人的内在心理，无法因时因地与他人在心理上达成融合——内在心理活动上的差异和心理上的距离总是会演变为误解、隔阂、矛盾，甚至冲突。这种艰难正日益使大多数人对社会交往产生畏惧和困扰——无论是刚刚步入社会的年轻人，还是在社会上奔走多年的职业人士，无论这个人从事什

前　言
1

么行业，心理上的困扰都是一样的。

其实，读心识人并不是高深莫测的科学技术，而是人人都可以通过练习而掌握的一种能力。只要你留心观察、认真揣摩，久而久之，也能够练就读懂人心的高明技巧。本书系统讲解读心原理、方法，并结合实际情况加以说明，教你从人的面部表情、行为举止、言谈之间、日常习惯等方面捕捉、分析、判断人的心理。通过本书，你将得到一双识人的慧眼、一把度人的尺，有助于你在职场、商场和生活中与他人和谐相处并顺利实现自己的目标和愿望，成就完美的人生。

# 目 录
CONTENTS

## 第三章　相由心生：人可以貌相

## 第四章　手足连心：从不说谎的肢体语言

## 第五章　眼随心动：眉梢眼角藏心计

## 第六章　窥斑见豹：生活细节说出人的"心里话"

# 第七章　拆穿谎言：不做那个被欺骗的人

# 第八章　闻言听音：话里话外隐藏真性情

第一章

hui kan ren
ni jiu ying le

瞬间识人：
看得清楚才能活得明白

## 读懂人心才不会雾里看花

人的复杂性不仅仅是生理构造上表现出的复杂性，还在于心理上表现出的复杂性。因此，当你不了解某人时，最好不要轻易被他的表象所左右。因为，这种表象很可能是一种假象。

美国心理学者奥古斯特·伯伊亚曾经做过一个实验，让几个人用表情表现愤怒、恐怖、诱惑、漠不关心、幸福、悲哀，并用录像机录下来，然后，让人们猜哪种表情表现哪种感情。结果，每人平均只有两种判断是正确的。当表现者做出的是愤怒的表情时，看的人却认为是悲哀的表情。

人是一个矛盾的综合体。人们的喜怒哀乐，远非自身所表现出来的那么简单。欢笑并不一定代表高兴，流泪并不一定代表伤心，鞠躬并不一定代表感谢，拍手并不一定代表赞赏……

要想与他人建立亲善关系，必须善于揣摩他人的心理。你只有读懂他人心，才不会雾里看花，才能替他人遮掩难言之隐。

郑武公的夫人武姜生有两个儿子，长子是难产而生，因而叫寤生，相貌丑陋，武姜心中深为厌恶；次子名叫段，成人后气宇轩昂，仪表堂堂，武姜十分疼爱。武公在世时武姜多次劝他废长立幼，立段为太子，武公怕引起内乱，就是不答应。

郑武公死后，寤生继位为国君，是为郑庄公。封弟段于京邑，国中称为共叔段。这个共叔段在母亲的怂恿下，竟然率兵叛乱，想夺位。但很快被老谋深算的庄公击败，逃奔共国。庄公把合谋叛乱的生身母亲武姜押送到一个名叫城颍的地方囚禁了起来，并发誓说："不到黄泉，母子永不相见！"意思就是要囚禁他母亲一辈子。

一年之后，郑庄公渐生悔意，感觉自己待母亲未免太残酷了点儿，但又碍于誓言，难以改口。这时有一个名叫颍考叔的官员摸透了庄公的心思，便带了一些野味以贡献为名晋见庄公。庄公赐其共进午餐，他有意把肉都留了下来，说是要带回去孝敬自己的母亲："小人之母，常吃小人做的饭菜，但从来没有尝过国君桌上的饭菜，小人要把这些肉食带回去，让她老人家高兴高兴。"

庄公听后长叹一声，道："你有母亲可以孝敬，寡人虽贵为一国之君，却偏偏难尽一份孝心！"颍考叔明知故问："主公何出此言？"庄公便原原本本地将发生的事情讲了一遍，并说自己常常思念母亲，但碍于有誓言在先，无法改变。颍考叔说："这有什么难处呢！只要掘地见水，在地道中相会，不就是誓言中所说的黄泉见母吗？"庄公大喜，便掘地见水，与母亲相会于地道之中。母子两人皆喜极而泣，即兴高歌，儿子唱道："大隧之中，其乐也融融！"母亲相和道："大隧之外，其乐也泄泄！"颍考叔因为善于领会庄公的意图，被郑庄公封为大夫。

这个事例告诉我们：与人相处，最重要的是那一份"心领神会"。有些事别人心里在想但不好说出来，更不用说去做了，这时，需要旁人的默契配合来解围。

但是读懂他人的心，准确领会其意图，并非一日之功，需要平时细心留意，学会观察生活。

## 人心隔肚皮，谁都想掩盖自己的底牌

为人处世最难的莫过于"知人心"，"人心难测""人心叵测""知人知面难知心"等词语，正说明了这个道理。其实，从心理学角度讲，人心既有可知的一面，又有不可知的一面，既有共性，也有特性。由于社会的复杂性和个人经历的复杂性，人心具有一些特殊性，即有悖常理的心思、心态和心情，如莫名恼怒、仇恨自己和仇恨社会等。有人把人心比作一泓深潭，里面游动着哪些生物，谁也说不清楚。

俗话说，"人心隔肚皮"，知人知面未必就能知心，而知心才是最重要的。一个人被陌生人捅了一刀只是皮肉伤，若是被最亲密的朋友捅了一刀，就犹如万箭穿心，那才叫作"伤心"。

人是形形色色的，有刚直的人，有卑鄙的人，有勇悍的人，有懦弱的人，有豪侠的人，有小心眼的人，有木讷的人，有果断的人，有诚实的人，有狡诈的人……面对形形色色的人，你只有用"心"审视他，详察他，明辨他，而后慎用他，才能在人际交往中始终立于不败之地。

假如，和我们交往的是位品德高尚、见义勇为、助人为乐的人，即使其外表并不英俊潇洒，我们也会与之和谐相处。但假如我们所见到的是一个虚伪而自私的人，尽管此人仪表堂堂，举止文雅，我们只会觉得他道貌岸然、虚伪狡猾。

由此可见，人的本质平时都隐藏着，看不见又摸不着。你必须看到他的行为，又要猜测他的意图，才能了解他的心；必须既看到他的外表，又要看到他的内心，才能吃透他的本意。

唐玄宗时，有李适之和李林甫两位宰相共同辅政，李适之为左相，李林甫为右相。

当时，唐玄宗沉湎酒色，穷奢极欲，弄得国库日渐空虚。满朝文武都很着急，日夜思谋开源节流之计。最后，皇上也感觉到了财政危机，下诏让两位宰相想办法。

形势所迫，二人都很着急。但李林甫最关心的是如何斗倒政敌，独揽大权。看着李适之像热锅上的蚂蚁，李林甫生出一条毒计来。散朝之后，二人闲扯，李林甫装作无意中说出华山藏金的消息。他看到李适之眼睛一亮，知道目的达到了，便岔开话题说别的。

李适之性情疏率，果然中计，忙不迭回家，洗手磨墨写起奏章来，陈述了一番开采华山金矿，以应国库急用的主张。

唐玄宗一见奏章大喜，忙召李林甫来商议定夺。李林甫看了奏章，装出欲言又止的样子："这个——"

　　玄宗急催："有话快讲！"

　　李林甫压低了声音装作神秘地说："华山有金谁不知？只是这华山是皇家龙脉所在，一旦开矿破了风水，国祚难测，那——"

　　"噢，"玄宗听罢一激灵，"是这样。"继而点头沉思。

　　那时，风水之说正盛行，认为风水龙脉可泽及子孙，保佑国运。今听得李适之出了这样的馊主意，玄宗心中当然不高兴。李林甫见有机可乘，忙说："听人讲，李适之常在背后议论皇上的生活末节，颇有微词，说不定，这个开矿破风水的主意是他有意——""别说了！"玄宗心烦意乱，拂袖到后宫去了。李林甫见目的达到，心中暗喜，点着头走了。

　　自此，玄宗见了李适之就觉得不顺眼，最后找了个过错，把他革职了。朝廷实权，便落在了李林甫手中。

　　李林甫是典型的"口蜜腹剑"之人，所以对这种人一定要多长心眼，多加提防。而且，李适之显然知道他与李林甫之间的利害冲突，但他就是"性情疏率"，才会轻信了李林甫的话，结果被革职了还不知道所以然。

　　希腊有句古话，"很多显得像朋友的人其实不是朋友，而很多是朋友的倒并不显得像朋友"。很多人在危难的时候才发现，背叛自己、出卖自己的往往是昔日自己十分信赖的朋友，而曾经被怀疑的人却成了自己的救星，真是可笑又可悲。世上有很多人

心口不一、表里不同，要看出来真的很难，因此，切不可轻信
他人。


## 多一分理解，就能少一分摩擦

在美国的一次经济大萧条中，90% 的中小企业都倒闭了，一
个名叫丹娜的女人办的齿轮厂的订单也一落千丈。丹娜为人宽厚
善良、慷慨体贴，交了许多朋友，并与客户保持着良好的关系。
在这举步维艰的时刻，丹娜想要找朋友、老客户出出主意、帮帮
忙，于是就写了很多信。可是，等信写好后才发现：自己连买邮
票的钱都没有了！

这同时也提醒了丹娜：自己没钱买邮票，别人的日子也好不
到哪里去，怎么会舍得花钱买邮票给自己回信呢？可如果没有回
信，谁又能帮助自己呢？

于是，丹娜把家里能卖的东西都卖了，用一部分钱买了一大
堆邮票，开始向外寄信，还在每封信里附上 2 美元，作为回信的
邮票钱，希望大家给予指导。她的朋友和客户收到信后，都大吃
一惊，因为 2 美元远远超过了一张邮票的价钱。每个人都被感动
了，他们回想了丹娜平日的种种好处和善举。

不久，丹娜就收到了订单，还有朋友来信说想要给她投资，

一起做点儿什么。丹娜的生意很快有了起色。在这次经济萧条中，她是为数不多能站住脚而且有所成的企业家。

我们如果想要与他人建立亲善关系，就要学学例子里的丹娜，多理解他人一分，我们交往的摩擦也就少了一分。

时常有些人抱怨自己不被他人理解，其实，换个角度可能别人也有同样的感受。当我们希望获得他人的理解，想到"他怎么就不能站在我的角度想一想呢"时，我们也可以尝试自己先主动站在对方的角度思考，也许会得到一种意想不到的答案。许多矛盾误会也会迎刃而解。

一位女孩刚开始上网的时候，个性十足，上论坛最喜欢批评人，当然也挨批评。挨批评了，心里不好过，吃饭都吃不下去。好友知道后对女孩说了一句话："上网是为了快乐。"这句话如同醍醐灌顶，让女孩一下子释怀。

想想看，大家来自不同的城市甚至不同的国家，有不同的看法，操着不同的口音，如果没有网络，大家如何能彼此交谈？如何能够彼此分享快乐，分担忧伤？相识，本来就是缘分。珍惜缘分，珍惜彼此。伤人不快乐，被伤更不快乐。

后来再上网，女孩再也没有和人吵过架，没有恶意抨击过别人——不为别的，只为大家都要寻求快乐。

沟通大师吉拉德说："当你认为别人的感受和你自己的一样重要时，才会出现融洽的气氛。"我们需要多从他人的角度考虑问题，如果对方觉得自己受到重视和赞赏，就会报以合作的态度。

如果我们只强调自己的感受，别人就会和你对抗，正如例子里的
女孩最终所体会到的一样。

　　换个角度替对方多思考一下，多理解对方一下，关系立刻就
会变得缓和。所以，如果我们想与他人建立亲善的关系，就应该
给他人多一分理解，多一分宽容，人际交往才会更顺利。


## 识透人心才能潇洒从容

　　人生的道路从来都不是平坦宽阔的，我们的世界其实远没有
它表现出的那样美好。唯有学会识别人心，才能让自己的人生之
路少一份坎坷，多一份平坦。

　　巴尔扎克说过："没弄清对方的底细，绝不能掏出你的心来。"

　　荀子在论人性时说："人之性恶，其善者伪也。"观点固然偏
激道理却很实在，与人打交道时确实应该谨慎小心，对交往不深
的人不妨多点儿戒心，考虑一些防患对策，为自己留下"逃生"
的余地。

　　东晋大将军王敦去世后，他的兄长王含一时感到没了依靠，
便想去投奔王舒。王含的儿子王应在一旁劝说他父亲去投奔王
彬，王含训斥道："大将军生前与王彬有什么交往？你小子以为到
他那儿有什么好处？"王应不服气地答道："这正是孩儿劝父亲投

奔他的原因。江州王彬是在强手如林时打出一块天地的，他能不趋炎附势，这就不是一般人的见识所能做到的。现在看到我们衰亡下去，一定会产生慈悲怜悯之心；而荆州的王舒一向保守，他怎么会破格开恩收留我们呢？"王含不听，于是径直去投靠王舒，王舒果然将王含父子沉没于江中。而王彬当初听说王应及其父要来，悄悄地准备好了船只在江边等候，但没有等到，后来听说王含父子投靠王舒后惨遭厄运，深感遗憾。

好欺侮弱者的人，必然会依附于强者；能抑制强者的人，必然会扶助弱者。王应一番话说明他是深谙世情的，在这点上，他要比他的父亲王含强得多。

成功离不开一定的社会环境，离不开你每天所要打交道的那些人。一个生活在"真空"里不和人交往的人，算不上聪明，更谈不上成功不成功。因此，我们完全有理由这样说：一个人的成功，取决于其处世水平，也即识人水平的高低。

如何与人打交道？如何了解对方的心理活动？是你掌握处世技巧的第一课。掌握"读心"术，是建立成功人际关系的秘诀。

熟悉下象棋的人都有这样的经验，若你想赢得这盘棋，除了要清楚棋盘上的棋子外，还必须要看透对方下这步棋的用意，并进而判断出其后的布局，方能最后赢棋。正所谓"高手前后看三步"，讲的就是这个道理。

"读心"亦然，既不能仅看表面和片段，也不能仅从无意中听到的一句话，就轻率地断定对方是小人或君子，或许这正是对方为了掩饰自己的行动而故意施放的"烟幕弹"。一定要记住：人心是无法仅从表面了解的。

正确地掌握"读心"技巧，彻底解读对方复杂的内心活动，就无异于拥有了一把锋利无比的宝剑，足以使你"笑傲人生"，纵横天下，潇洒走四方。

## 须防笑面背后的冷箭

生活中，我们有时会将好人看成坏人，有时会将坏人看成好人。

因为在我们的周围，有些人表面看似和蔼可亲，内心却阴险狡诈，他们对人极尽夸赞逢迎之能，暗地里却耍手段，要么伺机暗算，要么落井下石。当你直上青云、春风得意的时候，那些逢迎拍马者会谄媚攀附；而当看到你堕入困境时，他们就幸灾乐祸、趁火打劫。

战国时期，楚王的妃子郑袖相貌出众，又聪慧机敏，楚王十分宠爱。后来魏王又赠送楚王一位美女，既年轻漂亮，又活泼热情，把楚王给迷住了。

郑袖眼见自己一天天失宠，心里非常忌妒，但表面上装得若无其事，不但没有一点儿怨言，还百般讨好这位新妃。新妃喜欢穿什么衣服，希望用什么东西，郑袖都叫人给她送去；她住处的陈设要怎么布置，郑袖也叫人侍候得顺心如意，可以说对楚王的这个新宠体贴入微、关怀备至。郑袖在楚王面前还经常对新妃表示赞美。

这位新妃没想到遇上这样好心的一个姐妹，从心眼里对郑袖表示感激，相互来往十分密切，不分彼此，无话不谈。

楚怀王见郑袖和这位新妃相处得这么和美，心里非常高兴，对郑袖说："你们女人多半凭着自己的美貌和聪明赢得男人的喜欢，而且都有强烈的忌妒心。我看你就不是这样，你能理解我，你知道我喜欢这位新人，就比孝子侍奉父母、忠臣侍奉君王还尽心尽力。"

郑袖听了楚王这番话，相信他绝不会怀疑自己对新妃有什么坏心眼了，不由得心中暗喜，觉得时机已经成熟。

一次，郑袖和新妃闲谈的时候，说："大王经常在我面前夸奖你，说你能歌善舞，活泼热情，又温柔体贴，只有一点，大王嫌你的鼻子稍矮了点儿。"

新妃听了，有些不安，摸了摸鼻子，问郑袖说："您看这有什么办法吗？"

郑袖就等她问这句话，可还是装着若无其事的样子说："这有什么大不了的？你以后见到大王时，用手帕把鼻尖轻轻遮一下不就好了吗？"

新妃以为郑袖给她出了个好主意，以后只要见到楚王来就把鼻子遮起来。楚王开始没注意，后来看她每次都这样就感到很奇怪，又不好直接问，就问郑袖："新妃近来每次见到我时，为什么总把鼻子遮起来？"郑袖故意看了看楚王，吞吞吐吐，欲言又止。

楚王觉察到这里有什么隐情，就追问说："你说吧。你我做了这么多年夫妻，还有什么不好说的。即使有什么事，我也不怪罪你。"

郑袖故意装出胆怯的样子，低声说："她说过不愿闻到你身上的一种恶心味！"

楚王一听火冒三丈，怒气冲冲地说："什么？我是国君，敢说我身上有恶心味！岂有此理。传我的话，立即把那个小贱人的鼻子给我割下来！"

就这样，郑袖把新妃的面容给毁掉了。情敌没有了，郑袖又得到了楚王的独宠。

历史上这种小人排除异己、陷害别人的例子举不胜举，而现实生活中同样不乏这样的小人。他们总会假装友善，却暗施冷箭，为害作恶。

在利益面前，人的灵魂都会赤裸裸地暴露出来。比如，在一起工作的同事，平日里大家说笑逗闹，关系融洽。可是到了晋级时，名额有限，"僧多粥少"，有的人就把真面目露出来了。他们再不认什么同事、朋友，在会上摆自己之长，揭别人之短，在背后造谣中伤，四处活动，千方百计把别人拉下去，自己挤上来。

所以，不要被某些人的表面言行所迷惑，要用慧眼洞察人心，这样才可避免被冷箭所伤。为人要善良，但不能没有心机，否则行错善的话，自己财物遭损失，精神受打击不说，还助长了对方的气焰，甚至有可能间接伤害无辜的人。

## 解读表情的能力是人际和睦的关键

俗话说："出门看天色，进门看脸色。"无论做什么事，对什么人，只有读懂对方的表情，摸清对方的心思后，再付诸行动，才能做到得心应手，万无一失。

中国民间就有这样的说法，老人总是告诫小孩子要学会"看脸色"，也就是从对方的神态表情和其他身体语言中探知对方的心，从而做出一些顺从对方的事情，或者避免做出一些让对方不满意的事情。

关于"看人脸色"，还有一个关于康熙皇帝的故事。

据说康熙皇帝到了晚年，由于年纪大了，产生了一个怪脾气——忌讳人家说老。如果有谁说他老，他轻则不高兴，重则要让对方触霉头。所以，左右的臣子们都知道他这个心思，一般情况下都尽量回避说他老。

有一次，康熙率领一群皇妃去湖中垂钓，不一会儿，渔竿一动，他连忙举起钓竿，只见钩上钓着一只老鳖，心中好不喜欢。谁知刚刚拉出水面，只听"扑通"一声，鳖却脱钩掉到水里又跑掉了。康熙长吁短叹，连叫可惜，在康熙身旁陪同的皇后见状连忙安慰说："看样子这是只老鳖，老得没牙了，所以衔不住钩子了。"

话没落音，旁边另一个年轻的妃子却忍不住大笑起来，而且一边笑一边不住地拿眼睛看着康熙。康熙见了不由得龙颜大怒，他认为皇后是言者无心，而那妃子则是笑者有意，是含沙射影，笑他没有牙齿，老而无用了。于是将那妃子打入冷宫，终生不得复出。

为什么皇后在说话时明显说到"老"字，康熙并没有怪罪她，而妃子只是笑了一笑，康熙却怪罪她呢？首先是康熙的忌讳心理，他不服老，忌讳别人说他老，一旦有人涉及这个话题，心理上就承受不了。再者由于皇后与妃子同康熙的感情距离不同。皇后说的话，仔细推敲一下，有显义和隐义两个意义，显义是字面上的意义，因为康熙与皇后的感情距离较近，他产生的是积极联想，所以他只是从字面上去理解，知道皇后是一片好心的安慰。妃子虽然没有说话，只是笑了一笑，但她是在皇后的基础上故意引申，是把那只逃掉的老鳖比作皇上，是对皇上的大不敬。

所以，同样的问题，同样的环境，由于不同人物的不同理解，便引出不同的结果来。正所谓"说者无心，听者有意"，实际上究其原因，还是那个妃子没有用心观察别人脸色，不能读懂皇帝心思的缘故。

生活中，与人交往如果不用心，就会遇到许多想象不到的问题，因为你并不知道自己什么时候就把别人给得罪了。所以要想与人建立亲善关系，一定要学会解读对方的表情，学会用心，否则你就会面临一道道难以预测的障碍。

## 听懂话里的"弦外之音"，交往才能顺利进行

在日常交往中，通常存在着两种类型话语：一种是表面话语，而另一种是"弦外之音"。"弦外之音"才是一个人真正表达其感情或祈求的内心话，因此，如果想要正确地理解他人，让交往顺利进行，我们就必须懂得如何去听取对方话语中的"弦外之音"。

在日常的对话之中，我们很难从对方话语的表面去了解他的真意。这时，就必须从隐藏在对话背后的"弦外之音"上着手探索，才能够使彼此的意思或感情得到有效的沟通，才有助于建立亲善关系。

举一个例子来说。

在一个天气暖和的上午，晓惠坐在公园里的一张长椅上欣赏

风景。

这时候，坐在离晓惠不远的长椅上的一名男士，突然向她说："今天天气很好啊！天上一片云彩也没有。"

如果从他这句话的表面来想，他只是向她叙述天气的状况，可是实际上，它还隐藏着许多的意义。

首先，表示他很想和晓惠谈话。其次，由于他怕晓惠不愿意和他这样一名素不相识的人对话，所以，就借这句话来试探她的反应。

如果他一开口就问："你从事哪一方面的工作？""你有几个小孩？""请问贵姓？"很可能晓惠会不理他，那么他不是会很尴尬吗？所以，他就借叙述天气和晓惠攀谈。

为了能够敏感地听懂别人的弦外之音，我们必须养成这样的习惯：当自己听别人说话，或者是自己和别人对话时，要自问一下："他为什么要这么说？他那句话中的'弦外之音'是什么？"

如果对方是在炫耀他那光荣的过去，这时候我们就要留心了，因为此时他心里正在期待着我们的夸奖，所以，只要顺其意夸奖他，你就一定能够获得他的好感。

同时，我们也要懂得如何听出讥讽、嘲笑、挖苦等言外之语。对方之所以会向我们说这种话，一定是因为对我们感到不满才会这样的。遇到这种情况时，我们不要立刻反驳或一味生气，就当作没有听到好了，免得和对方发生不必要的冲突。不过，事后最好能自己检讨一下，为什么别人会讥讽我？我本身是否有什么缺点？或者是无意中得罪了人家，才会引起别人的怨恨，而以讥讽来消除他心中的怨恨呢？当我们得知了其中的原因之后，并且及时改正自己的行为，那么，虽然受到别人的讥讽，也可以说是"因祸得福"了。

如果我们能够做到以上所说，与他人顺利交往，建立亲善关系会变得更容易。

## 知彼才有胜算

人与人的千差万别，造就了丰富多彩的世界。由于每个人的先天禀赋和后天经历的不同，使得我们每个人的性情、心理都很不一样。有的人精明强干工于心计，有的人则质朴厚道大大咧咧；有的人率真明快，有的人则深藏不露。

所以我们必须尝试着去了解他人的性情，并学会与不同性情的人进行交往。了解了周围人的个性，再针对对方喜恶之不同，施以不同的手段，才能在与人的博弈中获得胜算。

明太祖朱元璋驾崩后，燕王朱棣起兵，乘胜包围了济南。当时拥护建文帝的山东参政铁铉随军监运粮草，与参将盛庸一起固守济南。

朱棣攻城心切，调来火炮轰击城墙。

济南城墙虽厚，也难以抵挡火炮的轰击，一旦城墙被毁，城池也就被攻破了。

这时，铁铉心生一计，命人在一块大白木牌上写道"太祖高皇帝之灵"，让士兵高举灵牌，立于城墙之上。

朱棣蓦然见到父皇朱元璋的灵位，大惊失色，拜伏在地，叩头不止，又传令军中不许放炮轰城，以免误伤父皇灵位。

铁铉借机修补城墙，全力防守，燕军虽然仍猛力攻城，但无火炮辅助，士气减弱不少，围攻济南三个多月，也未能进城一步。

此时大将平安率兵二十万，要攻打德州，切断燕军的粮饷通道。朱棣见势不妙，只好忍痛放弃济南，撤回北平。

朱棣自起兵以来，几乎百战百胜，军威未曾受挫，却惨败于济南城下。

这是铁铉看透了朱棣起兵与侄子争夺皇位，心里一定会觉得愧对父亲，因为建文帝是朱元璋生前就确立的继承人。他起兵造反，虽说是迫不得已，但是和朱元璋的意旨违背。所以他一见到灵牌，就惊慌失措，拜伏在地，不敢仰视，正是他心里的负罪感在起作用。而且朱棣起兵造反，最怕"师出无名"而失去民心，如果炮轰先皇灵牌，就会背上背叛孝道的恶名，这是他最忌讳的。

因此朱棣一见到父皇灵牌，攻城之志已被无形中夺去。旷日持久，燕军的士气也逐渐消磨殆尽，各种攻城手段均被铁铉巧妙破解，士气也萎靡不振。

朱棣的这种心理一般人很难猜得到，铁铉不仅猜到而且加以利用，让朱棣"投鼠忌器"，才能用块白木牌抵御住了万马千军。这也正是应了"知己知彼，百战不殆"的道理。

不管身边人的心机如何，知彼是尤其必要的，面对怀有不轨意图的人更是如此。只有知晓对手的心理，才能做到百战不殆。

社会生活中的人际关系可以说是一种"长期的测验"。即使你无意测验别人，但是一个人的一举一动，你都会看在眼里，这些举动的累积，很自然地会形成你对他的评价。所以，留意别人的一举一动，做到洞悉他人，在人际关系之中才会有胜算。

第二章

察『颜』观『色』：
微表情是人掩饰不了的真相

## 表情，让他的心底一览无余

狄德罗曾说："一个人，他心灵的每一个活动都表现在他的脸上，刻画得非常清晰和明显。"这句话提示了人类表情的重要性。因为现实中，语言的表达远不及人们的表情丰富和深刻。

作家托尔斯泰曾经描写过 85 种不同的眼神和 97 种不同的笑容。可以说，人类的面部是最富表现力的部位，它能表达复杂的多种信息，如愉快、冷漠、惊奇、诱惑、恐惧、愤怒、悲伤、厌恶、轻蔑、迷惑不解、刚毅果断等。而面部表情也能传播比其他媒介更准确的情感信息。因此，表情能够清晰、直接地表达人们的内心想法。仔细观察一个人的表情，我们就可以获悉他的心理活动。

根据专家评估，人的表情非常丰富，大约有 25 万种。所以，表情能全方位地表现人们的心情不足为奇。问题是，面对如此丰富的表情，要去辨别该从何着手？

### 1. 表情变化的时间

观察表情变化时间的长短是一种辨别情绪的方法。每个表情都有起始时间，即表情开始时所花的时间；表情停顿的时间和消失时间，即表情消失时所花的时间。通常，表情的起始时间和消失时间难以找到固定的标准，例如，一个惊讶的表情如果是真的，那么它完成的时间可能不到 1 秒钟。所以，判断一个表情持续的时间更容易一些。因为通常的自然表情，并不会那么短暂，有的甚至能持续 4 ~ 5 秒钟。不过，停顿的时间过长，表情就可能是假的。除了那些表达感情极其强烈的表情，一般超过了 10 秒钟的表情，就不一定是真实表现了，因为人类脸上的面部神经非常发达，即使是非常激动的情绪，也难以维持很久。于是，要判断一个人的情绪真假，从细微的表情中也能发现痕迹，只是需要人们不断地进行细微的观察。

## 2. 变化的面部颜色

通常，人的面部颜色会随着内心的转变而变化，这样，表情就有不同的意义了。因为面部的肤色变化是由自主神经系统造成的，是难以控制和掩饰的。在生活中，面部颜色变化常见的是变红或者变白。通常来说，人在说话的时候，如果脸色变红，往往是他们遇到了令他们羞愧、害羞、尴尬的事。有的时候，人在极端愤怒的时候，面颊的颜色会在瞬间变为通红。而人在痛苦、压抑、惊骇、恐惧等情形下，面色会发白。

总之，人的表情变化往往是反映他内心世界的晴雨表。因此，我们可以顺着这条线索去探寻别人内心的秘密。

## 鼻孔扩张的人情绪高涨

有位研究身体语言的学者，为了弄清鼻子的"表情"问题，他在车站、码头、机场等不同的地方观察各种鼻子，专门做了一次观察"鼻语"的旅行。据他观察，人的鼻子是会动的。例如，在你和人沟通的过程中，你发现他鼻孔扩张，这表明他的情绪非常高涨、激动，他正处于非常得意、兴奋或者是气愤的状态。从医学的角度上看，人在兴奋和气愤的情况下，呼吸和心跳会加速，从而引起鼻孔扩张。

不只是人类，动物有时也会用鼻子来表达情绪。在动物的世界里，如果你仔细观察的话，一定会发现大多数动物喜欢用龇牙和扩张鼻孔来向对方传递攻击信号，尤其是像黑猩猩这样的灵长类动物，每当它们生气发怒的时候，往往会将鼻孔扩张得很大。从生理学上来说，它们这样做是为了让肺部吸入更多的氧气，但是，从心理学上来说，它们正处于情绪高涨的状态，这是在为战斗或逃跑做准备。

除了鼻孔扩张之外，还有歪鼻子，这表示不信任；鼻子抖动是紧张的表现；哼鼻子则含有排斥的意味。此外，在有异味和香味刺激时，鼻孔也会有明显的动作，严重时，整个鼻体会微微地颤动，接下来往往就会出现打喷嚏的现象。

研究还发现，凡有高鼻梁的人，多少都有某种优越感，他们很容易表现出情绪高涨、饱满的状态。关于这一点，有些影视界的女明星表现得最为突出。与这类"挺着鼻梁"的人打交道，比跟低鼻梁的人打交道要稍难一些。而在思考难题、极度疲劳或情绪低落的时候，人们会用手捏鼻梁。这些鼻孔的变化、触摸鼻子的动作，是了解他们身体语言的法宝。

鼻子这一部位的表情，也的确能提供一定的心理表现的线索，让我们通过鼻子微小的变化来看看更多不为人知的身体语言信息吧。

### 1.鼻头冒出汗珠

这表明对方心里焦躁或紧张。他的个性比较强，做事有些急于求成。因为心情焦急紧张，鼻头才有发汗的现象。

### 2.鼻子泛白

这表示他的心里有所恐惧或顾忌。如果他不是你的对手或与你无利害关系，鼻子泛白是由于踌躇、犹豫的心情所致。另外，在自尊心受损、心中困惑、有点罪恶感、遭遇尴尬时，也会出现鼻子泛白的情形。

### 3.鼻头红

这种情况多与健康状况有关，比如长期饮酒，食用辛辣食物过量、情绪过于激动紧张、皮肤过敏等。除了这些，鼻头发红也有可能暗示心血管疾病或者是肝功能异常，如果鼻子呈现蓝色或棕色，要当心胰腺和脾脏的毛病。

由此可见，鼻子虽然是人体五官中最缺乏运动的部位，但也是有着自己的语言的。当你观察一个人时，不妨从鼻子的语言入手去看透对方。

## 下巴的角度是态度的分水岭

当你向一群人或朋友发表自己的意见时，如果你留心观察一下他们，可能会发现这样一个有趣现象：在你发言的过程中，他们中的很多人会把手放在脸颊上，摆出一副估量的姿势。当你的发言接近尾声，你让他们对你刚才的发言发表一些意见或是看法时，有趣的现象便开始出现了，他们会迅速结束自己原先的估量姿势，将手移到下巴处，并轻轻地抚摸下巴，这时，每个人的下巴角度又都是不同的。

下巴的动作一般分为抬高下巴和收缩下巴。下巴的角度不同，所代表的态度也不同，这可能会暗示他们的决定是积极的还是消极的。你的最佳策略就是冷静地观察他们的下一个动作。

如果他们在抚摸下巴之后，将自己的手臂和腿交叉起来，并将身体后仰在椅子上，将下巴抬高，这种情况下，他们的最终决定可能是否定的。一旦出现此种情况，你大可不必惊慌，因为事情还没有到完全无法挽回的地步。此时你应迅速征求一下他们的意见，请他们说出心中的疑惑、不满，然后对其进行一一解答。这样一来，那些原来心存疑惑、情绪不满的听众很可能会改变他们的决定了。

如果他们在轻轻抚摸自己的下巴后，身体后靠，同时手臂张开，下巴的弧线内敛，这就表明他们的决定很可能是肯定的。一旦出现此种情况，你就可以接着在台上尽情地"纵横驰骋"了。

下巴的动作除了与对方态度的认可与否定相关外，下巴的角度还和威严感、傲慢有关。我们观察以动作片闻名的男影星的海报时就可以发现，他们总是以高抬的下巴来显示自己的雄性特征。抬高下巴的姿势大部分都会呈现一种盛气凌人的感觉。

女总裁出差时与下榻的宾馆服务人员发生了一点争执。她坐在沙发上，对方站在她的对面。女总裁说："你不用说了，把你们经理找来。"她说话时，高高抬起下巴，但却不是为了把视线落在站着的服务生身上，因为她望向了另一边。

当对方的视线位置比我们高时，我们可能会抬起头来与他讲话。但这里的女总裁显然不是为着这个目的才高抬下巴的。她的高抬下巴则显示了一种傲慢和自认为高人一等的态度，高抬的下巴和望向另一边的视线都在向对方表示"对继续谈话没有兴趣"。

下巴高抬的角度表示高人一等也有着它的渊源。我们必须承认高度很能影响一个人的气度，虽然这不是绝对的，但是从更大的范围里，我们发现领导者的身高对他的形象塑造有着非常重要的作用。在军事院校指挥专业的选拔上，身高就是很重要的参考指标。但是身高通常都是先天决定的，无法更改。但人们乐于从任何细节上来提升身高，比如高抬下巴。动作者潜意识里想要比对方高出一些来，于是用伸长脖子并且下巴高抬的姿势来强调。

而相反下巴收缩的角度则代表一种小心翼翼的畏惧感，爱收缩下巴的人与喜欢高抬下巴的傲慢人士性格截然相反。他们比较谨言慎行，凡事都很小心，所以能够办好手头上的工作。但他们只注重自己眼前的工作，相对保守和传统。

下巴的动作虽然轻微，可是却可以凭借下面这些影射内心的"投影机"来解读他人。

## 1. 表示愤怒的下巴

愤怒的人下巴往往会向前噘着，这一般也表达威胁和敌意。观察那些不听话的小孩，在回答"不"之前他们做的第一件事就是挑战般地噘起下巴。

## 2. 表示厌倦的下巴

当你看到他手平展，轻叩下巴数次，这表示他正感到十分厌烦。最初这一动作只表示某人吃饱喝足没事做。现在，它更多是暗示某人的厌倦之感。

### 3.表示全神贯注的下巴

当你看到有人轻轻地、缓慢地抚摸下巴，就像摸着他的胡须一样，你最好不要轻易打扰，这表明此人正在精力集中地思索或聆听。

下巴的角度是态度的分水岭，是了解个性的媒介。如果你想了解自己是被接纳还是被拒之千里，那么看看他的下巴吧！

## 笑容可以表露人心

有一首歌叫作《你的笑容出卖了你的心》，实际上，笑的方式和一个人的性格存在着一些必然的联系。

捧腹大笑的人多是心胸开阔的，当别人取得成就以后，他们是真心地祝愿，而很少产生嫉妒的心理。在别人犯了错以后，他们也会给予最大限度的宽容和谅解。这样的人幽默感比较强，通常会给别人带来无穷的快乐。

经常悄悄微笑的人，性格比较内向、害羞。同时，他们的心思非常缜密，而且头脑异常冷静，在什么时候都能让自己跳出所在的圈子，作为一个局外人来冷眼观察事情的发生、进展情况，这样可以更有利于自己做出各种决定。这样的人特别善于隐藏自己，你很难认清他的真面目。

平时看起来沉默寡言，而且显得有些木讷，但笑起来却一发不可收拾，或者经常放声狂笑，直到连站都站不稳了。这样的人性情直爽，特别适合做朋友。这样的人也许不够热情、不够亲切，有时候甚至会让你觉得特别难以接近。实际上，这样的人特别注重友情，是那种在关键时候为你两肋插刀的人。

笑的幅度非常大，全身都在打晃，这样的人性格多是很直率和真诚的。和他们做朋友是不错的选择，因为他们往往会直言不讳地指出朋友的缺点和错误，而不会为了不得罪人而视而不见。他们不吝啬，在自己能力许可范围内对他人的需要总是会给予帮助。这样的人大多讨人喜欢，有广泛的社会关系。而笑出眼泪来是由于笑的幅度太大所致，经常出现这种情况的人，感情多是相当丰富的，具有爱心和同情心，生活态度是积极乐观和向上的。这样的人有一定的进取心和取胜欲望。他们可以帮助别人，并适当地牺牲一些自我利益，但却并不求回报。

小心翼翼地偷着笑的人，这样的人性格大多非常内向保守。同时，他们在为人处世时又会显得有些腼腆，但是他们对他人的要求往往很高，如果达不到要求，常常会影响到自己的心情。实际上，这样的人是可以与你患难与共、肝胆相照的。

看到别人笑，自己就会随之笑起来，这样的人多是乐观而又开朗的，比较情绪化，而且富有一定的同情心。他们对待生活积极乐观，不会被困难吓倒。

笑起来断断续续，笑声让人听起来很不舒服的人，大多性情冷漠。他们比较现实和实际，自己不会轻易地付出什么。笑起来断断续续，声音又尖锐刺耳的人，多具有一定的冒险精神，且精力比较充沛。这样的人感情比较细腻和丰富，生活态度积极乐观，为人比较忠诚和可靠。

笑起来声音柔和而又平淡，这样的人性格多较沉着和稳重，在大是大非面前多能够保持头脑的清醒和冷静。这样的人大多通情达理，能够设身处地为别人着想。他们善于处理矛盾，也善于化解纠纷。如果只是微笑，并不发出声音，多是内向而且感性的人，这样的人性情比较低沉和抑郁，情绪化比较强，而且极易受他人的感染。

笑起来发出"咯咯"的声音的人，多是能够严格要求自己。这样的人想象力比较丰富，创造性也很强，常常会有一些惊人的举动。他们通常很有幽默感，这是聪明和智慧的一种自然流露。

倘若一个人在不同的场合，可以发出不同的笑声，那么这样的人多是比较现实的，而且反应能力特别快，善于处理各种各样的复杂问题。

## 6 种常见的面部表情和姿势

### 1.快乐（参见图1）

尽管微笑并不是表现快乐独一无二的信号，但微笑确实是这种情绪最显而易见的标志。微笑对面部产生影响的部位主要涉及眼睛、嘴和脸颊。

（1）眼睛

下眼睑微微上扬，在下眼睑下面会出现皱纹。鱼尾纹可能会分布在眼角外围。

（2）嘴

当唇角向外和向上运动的时候，嘴巴就会变长。你的双唇可能会分开，并露出牙齿（通常露出上面的牙齿）。大笑也可能会产生两条笑纹，从唇角的外部一直向上延伸至鼻翼。

（3）脸颊

你的脸颊会上升，鼓胀起来，有可能高到让你的双眼看起来变窄变细的程度，这样会更加凸显出嘴到鼻子之间的笑纹。

### 2.悲伤（参见下页图2）

（1）嘴

从整体上来说，嘴最能表露出人的悲伤情绪。悲伤的时候，

嘴角下垂，会凸显出整个面部松弛
呆滞和无精打采的表情。如果你因
为悲伤而流泪哭泣，你的双唇可能
会颤抖。

（2）眉毛和额头

眉端上扬，因此，双眉之间
的空间、鼻子根部，以及两只眼睛
会呈现出一个三角形。在这个三角形的上方，额头可能会出现
皱纹。

（3）眼睛

在眼睛里的泪水会闪闪发光。

### 3.惊奇（参见图3）

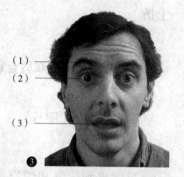

（1）额头和眉毛

当你感到惊奇的时候，眉毛会
向上翘。额头的皱纹会形成波状，
横向分布在额头上。

（2）眼睛

当双眼睁得很大的时候，会露
出更多的眼白。

（3）嘴

你的下颌下垂，嘴微微张开。

## 4.恐惧（参见图4）

当你受到惊吓或感到害怕的时候，你的面部的各个部位做出的反应也非常多。然而，在世界的许多地方，还存在着细微的差别。

（1）眉毛和额头

感到恐惧的时候，你的眉毛会上扬，并皱缩在一起。相比在惊奇中的表情，眉毛看上去没有那么弯曲，你的额头也会出现皱纹，但是，这次并不完全是横向分布，而是眉间往往会出现纵向的皱纹。

（2）眼睛

你会抬起上眼睑，露出眼白。下眼睑会变得紧绷，并且上扬。

（3）嘴

你的嘴会张开，双唇会紧紧地向后拉伸。

## 5.生气（参见图5）

（1）眉毛

当你感到生气和愤怒的时候，肌肉会将你的眉毛往下拉，并向内紧缩。眉头紧锁，会让两眉之间出现纵向的皱纹。

（2）眼睛

当你的上眼睑和下眼睑向着彼此移动得越来越近的时候，双眼会变得窄而细。你的眼神看起来严厉而冷酷，像是凝视他人的样子，甚至眼睛看起来像要突出来一样。

（3）嘴

双唇很有可能紧闭，形成一条线，嘴角向下，或者嘴巴张开，双唇紧张，就像要爆发出大声的喊叫一样。

（4）鼻子

一些处于盛怒中的人会皱起鼻子，或者张开鼻孔。

## 6.厌恶（参见图6）

当某些东西或事情让你感到讨厌或憎恶的时候，这种情绪主要会反映在你的眼睛里面，以及面部的下部分。

（1）眼睛

下眼睑上扬，在眼睑下方会出现一些皱纹。

（2）嘴、鼻子和脸颊

你会皱起鼻子，脸颊上移，双唇可能会上扬，或者仅仅只是向上牵动上嘴唇，下嘴唇下拉，嘴巴微微翘起。

## 表示积极肯定与消极否定的表情

同意

即便不用说"是"，人们也可以有意识地做出一些姿势同样可以表达"同意"的意思。表示"是"的姿势涉及头或手。

1. 点头

我们大多数人都会点头表示同意。但是在谈话中，点头意味着什么取决于点头的方式。

◇简短地点一次头往往意味着"我同意"。

◇当某个人在讲话的时候，时不时地点头往往表明倾听者在耐心地倾听。

◇点头时间延长，可能意味着"是的，是这样，但是……"换句话说，就是"我不同意"。

◇连续点两次头，似乎能产生一种效果——让说话者改变节奏，或回到已经达成一致的主题上来。

◇连续点三次头，可能会让说话的人感到困惑不解，他可能会讲不出话来。

2. 笑

和时不时地点头一样，对某个正在说话的人微笑，就会鼓励这个人继续讲下去。

通常，笑是一个表示积极肯定的姿势，可以传达出欢迎、快乐、同意、欣赏的意思，尽管笑也可能表达同情、后悔、遗憾，甚至不高兴。具体传达什么信息主要取决于笑的方式。许多研究和调查已经确认出9种笑，这里讲述了其中的3种。

（1）浅笑

嘴唇紧闭，嘴角上扬。这是一个人可能对自己微笑的方式（参见图1）。

（2）露齿笑

嘴角上扬并张开嘴唇，露出上面的牙齿。这是人们通常对他人微笑的方式。

（3）大笑

嘴角上扬并张开嘴唇，露出上面牙齿的同时也露出下面的牙齿。这种笑可能伴随着玩耍嬉戏的笑声。

3. 彼此模仿

两个正在谈话的人可能会在不知不觉中模仿彼此的姿势，这说明他们对正在讨论的事情达成了一致。下面介绍的是人们可能会模仿的一些动作。

◇将身体重心从一只脚转移到另一只脚上。

◇将胳膊肘放在吧台上。

◇用两只手握住杯子（参见图1a）。

◇将大部分身体重量转移到一只脚上。

◇松开交叉的胳膊。

◇交叉双腿（参见图1b）。

◇松开交叉的双腿。

◇都将手摊开。

◇将一只手放在胯部。

有意地模仿另一个人的姿势、手势和动作能够帮助他们更加友善地达成共识。根据一些研究人员的调查研究，经验丰富的销售人员会充分利用这一点，同时他们会小心不让自己的模仿被察觉。每一次当潜在客户移动的时候，他们并不跟着移动，而且当那个人做出"开放式"姿势的时候，他们可能会以不同的方式表示相同的信息。例如，如果一位坐着的人松开交叉的双腿，经验丰富的模仿者不会做出相同的举动，而是可能用双手做出开放式的姿势——伸出两只手，掌心向上。

树立信心

人们会下意识地运用几个手势和动作表示"一切都很好"或"一切将会很好"。

1. 竖起拇指

在整个北美和欧洲，抬起握紧的拳头，拇指向上竖立，表示"每一件事都很好"。大多数人认为，竖起拇指的手势可以追溯到罗马竞技场时代，据称在那个时候，人群可能用这个手势表示倒下去的角斗士应该被饶一命。《观察人类》一书的作者，英国著名的人类学家德斯蒙德·莫里斯认为，这种看法是由于错误地理解了晦涩难懂、容易引起歧义的拉丁文本造成的。事实上，"饶他一命"的手势是将拇指团缩在拳头里面。

竖起拇指这一手势也可能意味着：

在非洲部分地区，澳大利亚、欧洲南部和中东部部分地区，竖起拇指意味着性侮辱。

在德国，竖起拇指意味着数字 1。例如，一位德国人可能会在餐厅里竖起拇指，以此表示点一瓶啤酒。

### 2.OK 手势

这一手势最初起源于北美，后来在欧洲也发现了 OK 的手势。要做出这个手势，首先抬起前臂，拇指和食指指尖相接在一起，形成一个圆圈，其余 3 根手指伸展开，保持些许的间隔，把这只手放在适当的位置。通常，在扬起手的同时，要将手向前猛推，这样，做手势的人看起来就像在投掷标枪一样。

同时，OK 手势还具有其他含义。

在比利时和法国，使用这一手势的人认为某件东西或某件事情毫无价值（代表 0）。

在突尼斯、西西里岛和意大利南部，"毫无价值"的圆圈手势还配合着空手道里的"手刀"动作，也就是劈掌的动作，意味着"你是如此卑劣，我要杀了你"。

### 3.代表胜利的"V"手势

手掌向外，食指和中指呈 V 字形，其余的手指团在掌心里。

在第二次世界大战中，英国首相温斯顿·丘吉尔使得这种 V 字形的手势风靡一时。在英国，任何人如果想要表达"我们一定会取得胜利"或"和平"都会确保让自己以这种方式做出这个动作。切记：不是掌心向内（这是侮辱性手势）。

欣赏

有许多姿势可以表达对女性魅力的欣赏。这些动作通常都是由一个男人向另外一个男人做出的。但是，其中的一些手势和动作在不同的地方有不同的意义。

1. 表现出沙漏的轮廓

手掌相对，做出描绘沙漏形状的姿势，这是一种被广泛应用的方式，象征着一个女人的体形，表明这个女人拥有凹凸有致、秀美动人的身材。

2. 亲吻指尖

这是法国式手势，用于赞美一个女人的魅力，或一道格外精致的美味佳肴。

3. 抚摸脸颊

这是希腊式的动作，是用拇指和食指同时轻轻地抚摸两边脸颊，这一手势表明一个女人有着漂亮的脸蛋。

同时，抚摸脸颊还具有其他含义。

表明这个人正在思考问题，这在北美、亚洲和西方部分国家和地区比较盛行。

在德国、意大利、荷兰和欧洲的其他一些地方，这一手势表明某个人看起来像是生病了（他们的脸颊因为生病而凹陷下去）。

在原南斯拉夫，这个动作表明这个人在事业方面一直很成功。

4. 抚摸下巴和胡须

在一些国家，这种动作意味着一个女人有着漂亮的脸蛋。

5. 食指按压脸颊并转动

这种动作在意大利很流行，意思是赞扬女性的美丽。

6. 将下眼睑往下拉

这个动作由食指完成。在南美洲的部分地区，这个动作意味着"她是一个明眸善睐的美人"。

7. 捻弄想象中的胡须

这是意大利式的一种手势，表现出对一个女人的爱慕之情。


无意识地表现出感兴趣

前面所描述的手势大部分都是有意而为之的。然而，人们表现出的下列动作和姿势则可能是在不知不觉中表示出了"我很感兴趣"的意思。

1. 泄露实情的眼睛

眼睛和眼睑会说话。当人们对某个人、某件物品或某件事情具有浓厚兴趣的时候，眼睛会泄露出一切——而它们的主人却可能想隐藏他们所关切的事。

（1）瞳孔扩张

在正常的光线和环境下，人们仅仅表现出适度兴趣的时候，瞳孔的大小适中（参见图 2a）。

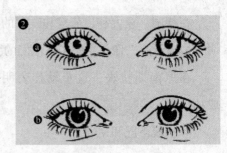

在微弱的光线下，或者人们看到了令人兴奋的事物，瞳孔就会扩大（参见图 2b）。

当一个人看到极富吸引力的异性时，或者玩扑克的人拿到一手好牌的时候，都可能出现这种情况。

（2）眨眼的频率

当人们看到非常有吸引力的事物时，他们眨眼的频率就会加快。

## 2. 头部姿势

如果一个人对他人所说的内容感兴趣，他的头部姿势也能显示出他的真实想法。

（1）表现出兴致索然

当一个人既不感到厌烦也不感到兴奋的时候，她的头可能会不偏不倚。

（2）表现出感兴趣

当一个人对他人所说的内容感兴趣的时候，她的头会向一边微微倾斜。她也有可能点头表示赞同。

## 3. 手和头部结合的姿势

手和头部结合的姿势可以表示评估。

（1）感兴趣地进行评估

当一个人对他人所说的内容感兴趣，并权衡她听到的内容时，这个人可能会将手举到脸颊边，食指和拇指向上，其余手指团缩在手掌中。

（2）做决定的姿势

如果某个人要求另一个人做出决定，被要求者的手可能会开始抚摸下巴，并上下滑动。

4. 伸出舌头

当某个人集中精力画图、写生，或进行其他一些精细工作的时候，他可能会伸出舌头，或者将舌头伸出来抵在嘴巴的一侧（参见图3）。有时候，甚至他本人都没有意识到自己在这么做。这一动作让一些研究人员重新提到婴儿时期拒绝食物的迹象。在这种背景下，一个人伸出舌头可能意

味着他对其他人的适度拒绝，因为他并不希望受到别人的打断，以至于不能专心从事自己手头的工作。

5. 身体和腿部姿势

当人们站或坐在公众中的时候，往往会将身体或脚对着最能引起他们强烈兴趣的那个人。如果他们是坐着的，他们的双膝或其中的一个膝盖会对着那个人。

表示"不"的姿势

人们有许多表示"不"的姿势，比我们想象的要多得多。

1. 摇头

将头从一边转向另一边。这种说"不"的方式起源于婴幼儿时期，如果婴儿不想再继续吃奶，他就会将头转向一边，离开妈妈的乳房——这个姿势在全世界范围内都存在。然而，在埃塞俄比亚，这一姿势只是将头突然转向一边，然后再次面向前方。

（1）晃动脑袋

这个动作有些令人困惑，看起来像是摇头。但是，保加利亚人、印第安人和巴基斯坦人用这个姿势来表示"是"。

（2）头猛然向后仰

头猛然向后仰。在意大利南部、希腊、土耳其等国家和地区，人们用这种方式表示"不"。然而，在埃塞俄比亚，同样是这一姿势，却表示"是"。

2. 轻抚下巴

头部向后倾，一只手的指背来回地轻抚下巴。这种说"不"的方式在意大利南部以及邻近的岛屿上非常普遍。

3. 摇手

一只手上举，手掌朝外，从一边迅速地向另一边摇动。在做这个手势的同时，人的脸上没有微笑，还可能会随之摇头。有的时候，人们在喧闹的房间里向对方做这个动作，是表示"我不要了，谢谢"的含义。在这一姿势的"夸张"版本中，双手交叉，掌心朝外，置于胸前。

没有兴趣

### 1. 瞳孔缩小

这是在不知不觉中表现出来的一个信号。如果一个人的瞳孔缩小，可能是因为他对自己目前所处的环境或相关的人不感兴趣。

### 2. 漠不关心

一个看起来全身放松的姿势会泄露出一个人的漠不关心。例如，一个人对某个人或当时的情形漠不关心的时候，可能会悠闲地坐着，瞳孔缩小表现出一副若无其事的样子，一只腿悬在椅子扶手上晃来荡去。他的这个姿势也可能是表示其占据支配地位的优越感或充满敌意。

### 3. 不注意

当两个人谈话时，其中一个人不注意另一个人在说什么的时候，就会发生下面这些姿势和动作。

（1）瞥向一边

不注意听别人说话的那个人看着说话的人的时间可能比看向其他方向的时间少些一些（参见下页图4a）。

（2）转动头部

不注意别人说话的那个人可能将脑袋从说话人处不断地转向别的地方。

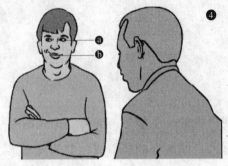

❹

（3）不对称的微笑

不注意别人说话的那个人可能会对说话人的言辞和评论做出一边嘴角上扬的反应，露出不对称的"坏笑"（参见图4b）。

拒绝和反对

在会议或聚会上，如果某个人被其想极力回避的人强拖住谈话而感到厌烦的话，他很有可能会给出更加明显的拒绝信号，并非仅仅表现出没兴趣。而如果他做出下列动作和姿势，另一个人可能会意识到自己遭到了拒绝和反对。

◇侧身，将头扭向一边。

◇面无表情。

◇目不转睛地凝视着中间距离的某个点，这样一来，另一个人就无法和他视线相对，也就难以将谈话继续下去。

◇假装打哈欠或真正打哈欠。

◇板着脸、噘着嘴，或者嗤之以鼻。

◇坐立不安，拨弄手指，或剔指甲，或剔牙，或者将指关节弄得咔咔作响。

◇厌烦地摇头，或公开地表示不同意。

◇转身离去。

无聊和厌倦

人们在坐着的时候如果因为枯燥乏味的谈话，或沉闷无趣的电视节目而感到百无聊赖时，会呈现出一些泄露实情的姿势将他们内心的真实感受和情绪表露出来。

◇头时不时地转向一侧。

◇用手支撑头。

◇身体变得越来越弯曲。

◇腿绷得越来越直。

1. 失去兴趣

下面的动作表明了人们如何流露出他们的兴趣在不断地减少。

◇头完全由一只手来支撑着。

◇身体向后倾斜。

◇双腿充分伸展。

◇如果想努力让自己看起来不那么百无聊赖，身体可能会向前倾。

◇如果极度无聊，这个人可能会闭上双眼，或者垂着头。

2. 无聊厌倦的迹象

除了刚刚提到的动作和姿势，人们还会以下面列举的一些方式来表示无聊和厌倦。

（1）测量想象中的胡须

这个动作暗示说话的人一直在那里喋喋不休，时间长得足以长出长长的胡须。在意大利、德国和荷兰，百无聊赖的男人们往

往会做出这个动作。

（2）拇指循环打圈

这种表示无聊厌倦的动作非常普遍，而且是在不知不觉中进行的。两只手连扣在一起，两根拇指相互绕着循环打圈（参见图5）。

（3）抚摸脸颊

手指的指背来回地抚摸脸颊，就好像在感受脸上的胡茬一样。这一动作在法国很普遍。

（4）一只手轻叩胸部

一只手手指朝下，拇指对着身体。感觉无聊和厌倦的意大利人有时候会做这个动作，表明某个人的谈话会让他们消化不良。

不耐烦

失去耐心往往通过坐立不安的动作或抚弄动作表现出来，其中涉及手指、大腿或脚。几乎在全世界范围内都可以看到这些动作和姿势。

1. 手指敲击

一个人在坐着的时候，可能会用手指快速而连续地敲击（桌子或）椅子的扶手，表示她的不耐烦。

2. 晃脚

如果一个人跷着二郎腿坐着，这个人可能会晃悬起来的那只脚。

### 3. 轻拍大腿

当一个人站立的时候可能会张开手反复地轻拍大腿的外侧。

## 不相信

在世界的不同地区，人们用各自的方式表明他们不相信某个人告诉他们的事情。

### 1. 抚摸喉咙

在南美洲，表示不相信的姿势是用食指上下反复抚摸喉咙（参见图6）。这个动作表明，来自于那个朋友喉咙的言辞都是废话，简直是在胡扯。

### 2. 用食指指着另一只手掌

将一只手展开，手掌向上，另一只手的食指指向掌心（参见图7）。这种姿势犹太人经常使用，意味着"如果你说的事情真的发生了，那么我的手就会长出草来"。

### 3. 提起一只裤腿

一个男人从大腿处抓住一只裤腿，然后小心翼翼地往上提，

 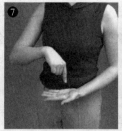 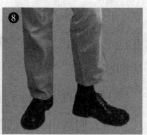

就好像刚刚踩了一堆粪便一样（参见图 8）。美国男人可能会表现出这个动作，将之作为一种开玩笑的方式，表明别人刚刚告诉他的事情就好比一大堆粪便。

## 紧张与放松时的不同状态

### 坏情绪的迹象

1. 感觉马马虎虎

在美国和欧洲，如果人们不是那么快乐，当其他人关心地询问"你最近怎么样"的时候，他们会伸出一只张开的手，掌心向下，并来回转动。这个姿势往往伴随着一句这样的话——"哦，马马虎虎吧。"

2. 感觉烦透了

当有人问及"最近怎么样"的时候，一位过度劳累的人可能会说"我已经受够了，都到这个限度了"，并且会举起一只手，掌心向下，举至前额，进一步阐明"这个限度"到了什么程度。在这个动作中，这只手象征着他们想象中的会让自己溺死的水位线的高度。

3. 自我批评或感觉尴尬

当人们意识到自己做了某件蠢事的时候，他们可能会声称自己非常笨，应该自己打自己。伴着类似的自责的话，他们同时还会做出假装打自己的动作，张开手拍打自己的头部，通常会打在身体的 4 个部位。

◇脸颊（参见图 1）。

◇额头（参见图 2）。

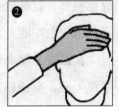

◇头顶（参见图 3）。

◇脖子后部（参见图 4）。

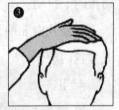

研究表明，拍打落在身体的哪个部位，显示出的不仅仅是自我批评，还涉及事情的严重性。如果一位员工因为自己的粗心大意而谴责自己，拍打自己的额头，那么老板的指责可能不是非常严厉。如果这位员工拍打的是脖子后部，那就说明他可能认为老板知道他的错误后会将他看作"眼中钉"。

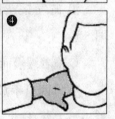

（1）伸舌头

在中国的许多地方，如果某个人"多嘴"或说了不应该说的话，他可能会迅速地伸一下舌头，表现出自己感到非常尴尬。

（2）郁闷至极

如果人们感到自己在社交中失礼或出丑，或者他们生活中的所有事情都不顺，有的时候，他们可能声称自己几乎想要"自杀"。当他们这样说的时候，同时会做出自杀的姿势，这往往是在开玩笑的场合中。所使用的姿势和动作根据不同地区惯常使用的"自杀"方式而有所变化。

反映出想要自杀的情绪，且遍及全球的一种姿势是将食指横放在喉部，就好像要用刀子割开喉咙一样。这种姿势也被广泛用来威胁和恐吓他人。

在西方，想要自杀的动作是用食指对着脑袋，其余的手指团缩在手心，拇指朝上，就像一把左轮手枪上的枪栓一样，然后将拇指向下拉动。

在新几内亚的岛民可能会紧紧地握住脖子，模仿出勒脖子使人窒息的动作。

4.沮丧

沮丧气馁、情绪低落的人可能会（参见图5）：

◇拖着缓慢而费力的步伐前行。

◇将两只手放在口袋里，并且/或者——低着头，欠着身。

注意：某个正在思考的人也可能像这样走路。

移位活动

当人们感觉不确信、紧张或者百无聊赖时，他们可能会在不知不觉中表现出"毫无意义"的动作。英国著名的动物学家和人类行为学家德斯蒙德·莫里斯，将这些动作列入了"移位活动"的范畴。许多此类动作发生在日常情形中，其中一些包括安慰性的自我触摸。

1. 典型的移位活动

典型的移位活动包括很大范围内的动作和姿势，其中紧张不安的人会用手、脚或眼睛做出毫无目的的活动。

例如，在医生的候诊室中，在等待面试的人，或在交通堵塞中等待的人身上，都可能看到这些动作。研究人员认为，所有这些都能表明人们面对挫折和焦虑时的紧张状况。

◇将手放在领带上，就好像要调整领带一样，其实领带非常笔挺。

◇用手指敲击椅子的扶手，或用脚敲击地板。

◇抚弄手指上的戒指。有可能将戒指摘下来又重新戴上去。

◇挠头。

◇掐捏眼皮。

◇垂着头坐着，眼睛盯着地板或者对面墙上的一个点。

2. 口部的移位活动

研究人员认为，这些行为都是在不知不觉中进行的，人们试图找回在婴儿时期吮吸妈妈的乳房所产生的安全感。下面有 3 个典型的例子。

◇咬指甲，或吮吸拇指。

◇在做记录的时候吮吸钢笔或铅笔。

◇取下眼镜，并将一只镜腿放在嘴里。

3.抽烟者的移位活动

许多过着充满压力的日子的烟民，声称抽烟能够让他们平静下来。因为抽烟能够让人情绪稳定，但是，这可能只是部分原因。抽烟这个动作本身也可以让抽烟者消除疑虑、增加安全感。

◇对于抽烟的人来说，叼着烟或烟斗，就相当于不抽烟的人吮吸拇指或钢笔一样。

◇紧张焦虑的抽烟者可能会一直用香烟敲击烟灰缸，将烟灰弹落。

◇用烟斗抽烟的人可能会延长清理烟斗、装烟丝、点着烟斗的例行过程。

将世界"关"在外面

有的时候，我们会遭受更大的压力，仅靠我们交叉双臂、双腿或做出一些移位活动远远不能缓解。在这种时刻，人们可能会求助于下列这些方法，将令他们忧虑的所有事情都"关"在外面。

1."切断"视线交流

处于巨大压力下的人可能会表现出以下4种无意识的眼部行为。

（1）回避视线

尽管在和另外一个人说话，或在倾听，但是，感觉紧张的那个人可能会有很多时间都在凝视别的地方（参见图6）。

（2）转移视线

感到有压力的那个人迅速地注视一下说话的人，随即继续将视线从正在说话的人那里转移开。

（3）眼睑微微颤动

倾听者看着说话者的眼睛，但是，倾听者的眼皮时不时地微微颤动。

（4）闭上眼睛

紧张不安的倾听者看着说话者的眼睛，但是，他的眨眼会持续好几秒时间（参见图7）。

有的时候，"将世界'关'在外面"的眼部行为能显示出某些更加具体的压力。

2. 孤立自己

有的时候，感觉有压力的人试图躲进自己的世界里。下面给出了两个孤立自己的例子。

（1）适度孤立

在图书馆学习的人可能将胳膊肘支撑在桌子上，两只手的拇指和食指支撑着头部，就好像为两只眼睛形成了保护一样，试图将那些分散其注意力的景象阻挡开。

（2）极度孤立

这种做法是在极度孤立自己。这个人紧紧地缩成一团，头埋在膝盖之间，双手紧紧地抱着膝盖。研究人员认为，这种姿势是人们试图将外界的令人感到恐怖的事物彻底地关在外面。由于灾难性事件——比如亲人去世或失去他们所拥有的一切东西，并在人不知所措的时候，他们可能会做出这种姿势。

3. 感觉轻松自在

当人们处于感觉轻松而舒适的环境中时，与那些处于压力之中的人相比，他们的行为有很大的区别。如果他们是完全清醒的，他们的姿势和动作很可能显得更加坦率，而且不会像焦虑或紧张的人那样充满防御性。当他们放松的时候，更有可能随意地坐着或躺着，"让自己尽情放松"，不像那些感觉浑身不自在的人那般拘束和压抑。

逐渐放松

人类行为学家研究认为，当人们在社交场合中变得越来越放松的时候，他们会改变自己的姿势、手势和动作。

一般来说，随着人们对彼此越来越了解，渐渐地，他们不会像起初那么害羞和不好意思。据观察，在西方许多国家和地区，这种逐渐解冻融合的过程可能会经历以下的这些阶段。

◇开始，两个陌生人面对面站立的时候，相互之间会隔开一段距离，并交叉双腿和双臂（参见图8）。如果他们穿着夹克或外套，上面的纽扣可能都会扣得严严整整的，即使天气不冷也会这样。

◇一会儿之后，这两个人可能会松开交叉的腿，双脚微微向外。他们的双臂可能仍然保持交叉，放在胸前。

◇每个人在说话的时候，可能都会开始用放在上面的那只手臂和手做手势。做完手势之后，说话的人可能会将这只手放在上面，而不是将手放在另一只手臂的下面。

◇随着紧张情绪越来越少，每个人在说话的时候可能都会松开交叉的手臂，将一只手插进口袋里，或者用手做手势来强调自己讲述的内容（参见图9）。

◇随后会解开夹克或外套最上面的纽扣。两个人可能都会向前伸出一只脚，指向他所关注的那个人，而后面那只脚承受着身体的大部分重量。

◇随着两个人从陌生到熟识，他们可能会向着彼此移得越来越近，直到他们最后刚好处于彼此私人空间的范围之内。

放松的迹象

人们在公司放松的方式可以显露出他们对身边同事的态度，以及彼此之间的关系。

1. 在相识的人之间

如果某个人呈现出非常放松的身体姿势——例如，懒散地伸开四肢躺在沙发上，与他不是非常了解的人交谈——这一姿势可能会被其他人认为是没礼貌、不够谦恭的表现，或者表明这个人对他人存有极度的支配欲。这两种可能性都是不好的，都有可能会发生。要避免这种不和谐的、容易引起冲突的互动，我们大多数人在社交场合中只能在一定程度上放松。我们选择让自己"看起来"机敏灵活、警觉，善于接纳周围的人。例如，聚会时，一个人在坐着的时候可能会保持身体笔直，跷着二郎腿，双手轻轻地放在大腿上。如果是这样，她随后就会表现出适当的率真和开放。

2. 在亲密的朋友之间

当在亲密的朋友、亲人之间的时候，人们往往会觉得自己处于完全放松的状态。放松自在的姿势主要反映在开放式的身体语言中，其中可能包括放松地坐着或躺着的姿势，当人们躺在地板上，或懒散地躺在沙发上的时候，就可以看见这些姿势（参见图10）。

## 冲突与防御时的常见表情

### 隐藏式表示不赞成

某个人如果反对他人的观点，但是又不方便说出来，作为替代，他可能用沉默，或看起来与手头事情毫无干系且没有意义的动作泄露出这种消极否定的情绪和感受。

#### 1. 低头

一个爱挑剔或不满的倾听者很有可能低着头，这个看起来像是无意间做出来的动作，却表明倾听者不喜欢或不同意说话者所说的内容。

#### 2. 封闭式姿势

某个人不同意讲话者的观点，如果这个人是坐着的，她很有可能呈现出所谓的"封闭式姿势"——双臂交叉，跷着二郎腿，身体保持直挺（参见图1）。

#### 3. 揉眼睛

当一个人百无聊赖地坐着时，他可能会频繁地揉眼睛，或者揪拉眼皮。可以说，这些不满的姿势给予大脑反馈，强化并延长了爱挑剔和不满的情绪状态。

### 4. 择线头

当倾听者不赞成或不同意的时候，他可能会在衣服上轻轻地撕拉，就好像要消除微小的线头一样。择线头的人可能会盯着地板看，而不是注视着说话的人。这些细微的动作，揭示出他怀有许多没有说出来的反对意见和理由。

### 开放式表示不赞成

某个人如果厌恶他人的想法和态度，并且认为自己没有必要掩饰这种情绪和感受的时候，他可能会以很明显的动作表现出来。

### 1. 翻白眼

某个人如果对另一个人翻白眼，嘴角会向下降低，额头产生皱纹，眉毛向下，他可能正在思考对那个人感到不满的某些事情。比如，那个人支持的事情，或那个人所说的内容。

### 2. 嗤之以鼻

某个人如果不相信或不喜欢另一个人所说的内容，他可能会表现出这个动作和姿势——抽动肌肉，鼻子会斜向一边，就好像要让鼻子远离令人讨厌的气味一样。

### 3. 食指互指

伸出两只手的食指，指尖相互对指，接着向彼此移动，然后再分开（参见图2）。在西班牙和拉丁美洲，这个动作表示不同意。

羞辱性的姿势

侮辱性的姿势主要涉及头和手。这里给出了几种姿势和动作。

1. 用头部表现的羞辱性姿势

（1）轻叩头部

一个人用他的食指反复轻叩头部。尽管这个人轻叩的是他自己的额头或太阳穴，但是这表明他认为别人的大脑出了什么毛病。

（2）用两只手轻叩头部

在这个动作中，两只手同时轻叩头部。这个动作表示另外一个人做出的蠢事或蠢主意给了他强烈的刺激，激怒了他。

（3）在太阳穴处打圈

用食指指着太阳穴，并进行小范围的打圈。这个动作表明自己的大脑处于紊乱无序的状态，或者表明某个人就像一只被用坏的钟，需要上发条。

（4）伸出舌头

一个人只是面对着他想要羞辱的那个人伸出舌头。与摇头表示"不"一样，这个动作起源于婴幼儿时期拒绝食物的动作。这个动作在孩童中非常普遍，受到了广泛的运用，而且在一些成年人中也可以看到。

2. 用手臂表现的羞辱性姿势

（1）击打肘部

右手上举，掌心向前。左手握拳放在右臂的肘下，与此同时，右臂向下砸左手的手背。在荷兰，这个姿势意味着"迷失了方向"。

（2）击打手腕

当左手与右手腕做出劈砍动作的时候，右手向上轻弹。这是一个表示"走开"的姿势，主要被使用于突尼斯、希腊等国家。这个动作可能源于一种惩罚性的动作——在将小偷驱逐出部落之前先砍断他的手。

3. 用手表现的羞辱性姿势

（1）用手推

五指伸展，掌心向前，好像要把什么东西推开一样，一般推向他人的脸部。在希腊，这是一种古老的表示羞辱的方式，意思是说"去死吧""见鬼去吧""下地狱吧"。这种方式源于战争时期的拜占庭人，他们会从大街上舀出一堆淤泥或粪便，胡乱涂到俘虏或囚犯的脸上，以示羞辱。

（2）V字形手势

掌心向内的V字形手势在英国有"走开"的意思。大多数人认为这个姿势具有性侮辱的含义。一般认为这个手势始于中世纪时期的英国，当时英国人一般用弓箭作战，法国人威吓说抓住英国的士兵一律砍掉他们使用弓箭最得力的两根手指。后来，英国战胜，弓箭手们傲然地伸出这两根手指，以对法军表示蔑视。


表示敌意的姿势

有的时候，厌恶情绪变得越来越强烈，足以演变成公开的冲突。一般事先会有一些警示性的迹象，表明可能会出现打斗。这主要表现在男性之间，下面给出了这方面的例子。

1. 判断彼此的性格

如果两个陌生男人感觉对他们自己缺乏信心，则可能会设法表明他们的男子气概。他们站立着，手叉腰，或者将手指卡在腰带处，这个姿势是为了吸引别人注意自己的身体（参见图 3 ）。一些研究人员认为，这个姿势意味着"我比你拥有压倒性的优势，因为我很强壮"。如果两个男人仅仅是在友好的谈话中判断彼此的性格，那么他们可能半侧着身体，半面对着彼此。

2. 准备打斗

如果他们面对面地站着，两脚分开，手叉腰，或者将手指卡在腰带处，表明他们可能非常讨厌对方，并且可能准备开始一场打斗。

突然停止打斗

敌对双方可能做出进攻性的姿势，而不是真正袭击对方。其中一方可能会针对另一方或某个人或某件东西，呈现出这些威胁性的姿势和动作。

### 1. 晃动拳头

这个动作是在对手面前用拳猛击空气（参见图4）。

### 2. 抬起手臂

这个动作就是抬起一只手臂，好像要袭击对手一样，但是却突然停止（参见图5）。

其他的动作还包括一个人猛击自己的拳头，或者猛击桌子。

## 支配他人

一个人如果想支配别人，当他问候、陪同或护送那个人的时候，他可能会在不知不觉中使用一些特定的姿势，或者明显地突出这些姿势。这种类型的支配往往是善意的。入侵私人空间是一种更加公然、不友善的支配形式，可能会被人蓄意地用于胁迫他人。

### 1. 支配性握手

当一个人伸出手和他人握手的时候，如果掌心向下，从总体上来说，这个姿势会逼迫另一个人手掌向上翻转，处于服从和柔顺的姿态与之握手。这是支配性的握手方式。当商界人士希望能够控制一场互动活动的时候，他们可能会用这种方式握手。

### 2. 折骨式握手

两个支配性的人握手时，每个人都可能会不加夸张地设法占据上风地位。最后的结果是两个人紧紧地握手，手掌垂直合并，两个拇指平行。

如果每个人都想具有进攻性，想支配对方，握手看起来可能就不那么友好了。但是在西方，紧紧地跟人握手通常被看作是真诚的象征。

### 3. 为他人领路

主人经常会将一位客人带入一间满是客人的房间，将这位客人介绍给大家。要这么做，这位主人可能会做许多事，比如，将一只手张开，把手掌放在这位客人的肩胛骨之间的背部，轻轻压放在这个部位，引领这位客人朝正确的方向走。在这种互动之中，主人和客人的角色其实是在效仿父母和孩子之间的角色。

### 4. 两腿分开跨坐

如果一个强有力的人希望自己能够插入一群人的谈话中，并设法控制谈话的局面，他可能会使用一种防御性的方法。这个方法就是两腿分开，跨坐在一把椅子上，这样一来，两只手臂就可以放在椅背上。一方面，这位跨坐在椅子上的人在身体上感觉到椅背会保护自己，因此不会受到其他成员的敌意伤害。另一方面，他还可能觉得即便自己不盛气凌人，也更易于在这场群体对话中占据支配地位。

无意识的防御性动作

一些情形会让人感到格外不安和不自在。例如，在商务会谈上不同意盛气凌人者的观点，或者在圣诞晚会上遇到公司的董事长，或者问候一大群并不熟悉的客人，或者第一次上台演讲。当我们还是孩子的时候，遇到诸如此类的"困境"和"威胁"，我们可能会躲到妈妈的身后，或者藏在家具的后面。当我们成人之后，我们可能会在不知不觉中"建造"一些障碍，而我们往往会直接利用自己的手臂和腿。一些研究人员认为，这些障碍物实际上是自己为难自己。给自己信心，让自己放心，打消自己疑虑的形式，是一种保护性的动作，植根于婴儿从母亲的拥抱中得到的安全感。

1. 防御性的手和手臂姿势

双臂交叉放在胸前几乎是一种出于本能的动作，这么做是保护心脏和肺部远离外界的威胁。研究人员已经确定了几种主要的双臂交叉的保护性姿势。

（1）基本的双臂交叉

两只手臂交叉放在胸前，一只手放置在另一只手的上臂上，另一只手则塞在肘部和前胸之间。当我们觉得紧张或焦虑的时候，我们往往会表现出这个姿势（参见下页图6）。

（2）紧紧握住交叉的双臂

两只手臂交叉放在胸前，两只手紧紧地握住上臂。焦虑不安的旅行者在搭乘飞机等候起飞的时候，或者紧张的病人在等着看

病的时候都可能像这样紧紧握住他们的上臂（参见图7）。

（3）双臂交叉时紧握拳头

双臂交叉，拳头紧握，还可能咬紧牙关，像是咬牙切齿一般。表现出这一姿势的人可能非常生气，以至于他们防御性的敌意如同箭在弦上，蓄势待发一样（参见图8）。

（4）双臂不完全交叉

一只手紧紧地握住另一只手臂，被握的手臂是下垂的。一个人如果这么做，可能是在重新制造童年时父母牵着她所产生的安全感。有时当人们面对着一位听众的时候，他们往往会握住自己的手臂做替代。

（5）隐蔽的双臂交叉

双臂保护性地移至身体前面，这种姿势看起来像附带做了一些其他的动作。

◇将一只手移至身体前面，检查另一只手上拎着的手提包的扣带是否完好。

◇双手握住一个酒瓶。

◇整理衬衫袖子或袖口。

很多人往往会表现出诸如此类的姿势，当他们感到不确定或不确信，并试图掩饰这些感觉的时候就会这么做。

2. 防御性的腿部姿势

双腿或脚踝交叉也可以表示一个人越来越觉得自己处于防御状态。这一次要防御的部位是生殖器官区。觉得自己处于守势（或消极状态）的人往往会交叉双腿，强化双臂交叉形成的障碍。相对于仅仅交叉双腿，交叉双臂所暗示的防御感或消极情绪更加强烈。与双臂交叉相似，双腿和脚踝交叉有好几种表现形式。

（1）站立的时候，双膝交叉

一条腿交叉放在另一条腿的前面。在集会中往往可以看到这种站姿，在这种场合中，人们可能不太了解彼此，因此，会略微地感到紧张和焦虑。

（2）跷着二郎腿坐着

如果男士惹女友生气了，女孩子可能坐在他的旁边，但是，可能会将坐姿转变为防御性的或消极地跷着二郎腿和双臂交叉的姿势。

小心误解：许多人像这样坐着倾听别人的讲话或观看音乐演出。

（3）坐着的时候，小腿放在大腿上

研究人员认为，这一姿势主要是男性采用的姿势——尽管女性也会这么做。一条腿的小腿放在另一条腿的大腿上。事实上，这个姿势表现出一个人好斗，而不是处于防御状态。当一名听众倾听一位"挑衅者"说话时，起初他会以防御性的姿势坐着，但是，当他想要对一个观点提出质疑的时候，他可能会突然呈现出小腿放在大腿上的姿势。英国或澳大利亚男人比美国男人更有可能表现出这一姿势，因为他们一般会这么坐着。在世界的某些地方，这种坐姿是在侮辱他人。

（4）坐着的时候，努力将小腿放在大腿上

在这个姿势中，两只手都紧紧握住放在另一条腿上的小腿。在辩论会或讨论中，当人们强烈地维护自己的观点且不愿意改变这些观点的时候，他们有可能会像这样坐着。

（5）脚踝交叉

一只脚踝与另一只脚踝交叉。不管是男人还是女人，当他们感到焦虑或消极，但是在设法抑制这些情绪和感受的时候，就有可能交叉脚踝。

（6）站着的时候，一只脚钩腿

研究人员认为，这个姿势主要是女性采用的姿势。一只脚钩着另一条腿的小腿。当一个人在抵制一种销售策略的时候，可能会表现出这种姿势。

（7）坐着的时候，一只脚钩腿

一只脚靠近另一条腿的后部，抵靠住小腿。这是坐着的时候与站着时一只脚钩腿相对应的姿势。


有意识的防御性动作

表示"好运"的姿势是人们最为熟悉的有意识的防御性动作。

大多数人经常为一些事情的结果担忧，比如能否涨工资、成功晋升或生孩子。此时，许人都会做出一些特别的动作，期望为自己带来好运，或者让自己免于不幸或不良的影响。

1. 手指交叉

一只手的中指与食指交叉，拇指压着缩在手掌中的其余手指。这一动作非常普遍，在英国和斯堪的纳维亚半岛十分常见。

2. 握紧拳头

两只手放低，握紧拳头，拇指缩在拳头里面。这是德国式的"好运"姿势。

# 第三章

# 相由心生：人可以貌相

# 脸型也是个性的表征

世界上没有完全相同的两片叶子，世界上也没有完全一样的两张脸，即使是双胞胎也会有些许的差别，因为一个人的面相不仅和父母的遗传有关，也和后天的成长经历、身心状况有关。人的面相与人的心理有着密切的关系，能够反映出人的性格、气质等。

## 1. 国字脸的人

他们的脸型方正，下巴尖瘦，是一般人所称的"国字脸"，他们有大而明亮的眼睛，小而有肉的鼻子和嘴巴。一般来说，他们是个性开朗、乐观、聪明、心胸很开阔的那类人，对自己的事通常没有什么忌讳。国字脸的人，前额和下颌都较宽，且下颌棱角分明，脸庞轮廓分明。方形脸的人为人处世就像他们的脸部轮廓一样，规规矩矩、是非分明，在生活中沉默寡言，对人对事冷静而固执，原则性非常强，遇事不懂得变通，因此容易得罪别人，人际关系不是很好。他们很讨厌花言巧语爱吹牛的人，凡事看重实际。

如果你问他们："你的皮肤真水嫩啊，你应该不到 30 岁吧？"

他们会马上回答你："哪里啊，我都快40岁了！"如果在细问几句，他们甚至会把生辰八字一股脑儿全告诉你。他们个性积极主动，一般喜欢你用直接的语气问话。

## 2. 鹅蛋脸的人

他们有着偏圆、呈鹅蛋的脸型，眼睛大而圆，樱桃小口通常还带着笑意。一般来说，这类人头脑清醒、聪明，记忆力好。他们口齿清晰，足智多谋，处事往往经过深思熟虑。但是他们的个性有时候像个孩子一样漂浮不定，有时会给人一种反复变化、心机很重的感觉。

他们往往是虚实相加的高手，他们说过的话，你得仔细筛选，即使你和他们交往了一段时间，他们提供给你的信息你也不可以全信。一般来说，他们对自己很有自信，最怕被人轻视，所以只要是他们打定主意不说的事，无论你怎样打探都不会有结果。虽然他们表面交游广阔，但其实极注重家庭隐私，除非他们对你有极高的信任，否则你别想和他们的家人扯上关系。

## 3. 椭圆形脸

即前额与下颌的宽度大致相同，脸的长度大概是宽度的一倍。椭圆形脸的人通常争强好胜而且性格急躁，不喜欢听到反对自己的意见，嫉妒心强，眼睛里容不得比自己优秀的人，但如果能够把这种嫉妒化成动力，在工作上会有非常出色的表现。

### 4. 圆脸的人

脸庞平滑，没有凸出的脸颊或颚骨。这种人通常面色红润，即使不笑也脸带喜色，头发有光泽。所以，他们大多热情、冲动、多才多艺、为人和蔼、谦恭有礼，但是他们往往不够坚定，有点浮躁，有时候做事情会拖拖拉拉的。

### 5. 瘦长形脸的人

他们通常皮肤偏黑、头发浓密，为人和蔼可亲，但非常敏感，常常闷闷不乐、郁郁寡欢，他们非常懂得居安思危、未雨绸缪，但也常常给自己找不必要的烦恼，对自己和别人都要求严格，经常对周围的人和事感到不满。

### 6. 倒三角脸型的人

他们通常骨骼明显，颧骨很高，两腮几乎没什么肉，整张脸几乎呈倒三角形。他们的五官清晰立体，浓眉，眼睛细长。一般来说，他们的个性风风火火的，动作快，说话也快。但是他们一般比较急躁，脾气不好，做事往往三分钟热度，缺乏耐心。因为他们是个火暴脾气，所以最讨厌你说话吞吞吐吐，含混不清。他们很重视平等，一般比较喜欢交朋友，心情好的时候，可以有求必应。

他们一般和家人的关系不是很亲近，如果你询问他们与家人有关的话题，他们可能会"沉默"，甚至反感你继续追问。所以如果想询问他们和家人的关系，你可以先说自己和家人的关系，最好用诉苦的方式，这样往往能引起共鸣。

此外，看一个人的脸部比例的大小，也能对他的个性略知一二。和身体相比，脸部比例小的人，个性比较保守内向，他们总是遵循传统和主流规则，谨慎胆小，因此很少有所突破。他们的口头禅多半是"是吗？""真的吗？"这样的疑问句，对新鲜事物和陌生事物有一种天生的怀疑戒备心理，作决定的时候往往犹豫不决，总是需要征求别人的意见、让别人推他一把才能大胆改变。不过，他们在工作上通常扎实稳重，是非常可靠的实干者，适合繁琐细致的工作。相反，脸部比例相对较大的人，通常性格外向、朋友众多，他们处事圆滑，善于和不同的人打交道，而且具有冒险精神和开拓精神，在工作中喜欢挑战，希望能够独当一面，上进心很强。

## 不同体形的人有不同的性格特征

细心观察身边的朋友，你会深有体会。如果你的朋友拥有瘦削的健壮身材，你能每时每刻地感受到他们的快乐，并能受到他们的情绪感染。他们积极热情，无论什么事都愿意接受挑战。他们拥有坚强信念，充满自信心，坚持不懈。有这样体型的人，判断及裁决迅速果断，坚信"天生我材必有用"。在工作中，他们是值得信赖的好伙伴，商业交往中也是好顾客。

通常，人们在工作或社交场合中总是把自己的内心包裹得严严实实，要想了解一个人的性格，并不简单。但是至少有一样东西是难以包裹的，这就是他的体型。人的体型无法受到意识控制，然而却能反映内心。因此我们可以通过体型识人，来大致判断别人的性格。

以下我们就介绍 5 种不同的体型的人及其相关性格分析：

## 1. 肥胖型

这种体型的人的特征就是在胸部、腹部、臀部上堆积了一些赘肉，一旦腹部等处凝聚大量的脂肪，俗称的"中年肥胖"便出现了。这类人能很快适应周围变化的情绪，大多属于好动的人，乐于偷懒和被人奉承，有时在工作中耍点小聪明。其中许多人仍容易被周围的人理解，是受欢迎的人。

他们的性格特征是热情活泼，喜好社交，行动积极，善良而单纯，经常保持幽默或充满活力，也有温文尔雅一面。他们中有许多人是成功的企业家，他们的理解力和同时处理许多事物的能力强，但考虑欠缺一贯性，常失言，过于草率，自我评价过高，喜欢干涉别人的言行，喜欢多管闲事。在工作中，如果有人无法默默地顺从他们的意志时，他们就会立即与该人断绝来往。

## 2. 苗条而有心事型

苗条是针对瘦弱的人所用的词语，瘦弱型的许多人都隐藏心事，给人无法接近和无从交往的感觉。瘦弱女性大都个性刚烈，生起气来男人都招架不住。这类人最大的特色是冷静沉着。但其性格十分复杂，存在互相矛盾的地方。对幻想中的事物兴趣大，不让他人了解自己的内心世界或私生活。此类人不愿与平常人相交为友，而表现出一种令别人意欲与他接近的贵族气质，他们身上常散发着一种浪漫情调。

如果你想与这类人交往，你要了解他们善良、细致的心。他们通常在生活上严谨慎重，意志薄弱，是很难交往的人。他们专心于鸡毛蒜皮的无聊小事，骄傲而外表冷漠，当无法下决心时，凭冲动决定事物。天生对手工艺、文学、美术感兴趣，对流行服饰感觉敏锐。

## 3. 强健型

拥有这样身材的人肌肉发达，体态匀称，头部肥大、筋骨强壮、肩膀宽阔，他们通常是黏液质类型的人。他们的言行循规蹈矩、一丝不苟，诚恳忠实，不少人是举重、摔跤选手或公司领导。如果你去翻看他们的抽屉，一定是井然有序，写的字也是一笔一画的正楷。

这类人的另一个特征是速度迟缓，说话绕弯子，唠叨不停。如果你叫他们写文章，必定是十分烦琐，谨慎而周到，洋洋洒洒的一大篇。他们是足以让人信赖但又稍嫌欠缺趣味性的人物。他们有顽固执着的一面，也有拘泥于形式思考的习惯。如果你想把握这种类型的人，不妨偶尔利用闲谈或请客来试试他们。

### 4.娃娃脸半成熟型

这类人怎么也看不出年纪大小，脸长得像个娃娃脸，即未成熟型的人。他们大多以自我为中心，个性强，又称为显示性性格。谈话时若不以他们为中心，他们就会很不愉快，他们完全不听他人的话，属任性类型。

他们不一定精通每一行，但拥有广泛知识，谈吐风趣，擅长幽默。谈话常用"我……"的方式开口，没完没了。他们属于天真而无心机的人，但他们自己并不知道自己没有成人个性和思想，所以是个悲剧。如果自己被追捧，就很好；如果被冷遇，就会嫉妒。

### 5.瘦弱细线条型

这类人强烈的敏感性使他们对自己周围的变化十分敏锐，常常会过于留意周围人的动静。这类人中绝对没有脑筋差的人，知识分子为多数。他们无论什么都自我承担一切责任，当他们犯错时常会说"都是我不好……"。

这类人心理不稳定，容易失衡，心情焦虑，自己却能经常发现自己的这种缺点，具有丰富和细腻的感情。文静真诚而又顺从的神经质的性格，给别人的印象是没有自主性、迟钝、性情易变、不易相交。对于受这类朋友或上司之托的事，一定要如实地实现，遵守约定，注意礼节，等等。

总之，从许多的事实看，某种体型的人也确实容易形成某种个性品质和特征，借此对人的心理进行粗略观察和初步判断。只要别过于呆板，也还是有一定效果的。

## 眉形间隐藏着丰富的内心信息

从生理学来说，眉毛对保护眼睛功不可没，而在美学上，眉毛的作用也不可小看。另外，不同的眉形也给我们披露了人们丰富的内心信息。

### 1. 威虎眉

这类人的眉毛清秀而修长，眉毛向上，给人一种威风凛凛、不可侵犯的感觉。他们胆子比较大，敢作敢为，有顶天立地的责任心，因此，事业往往有比较大的成就。

## 2. 罗汉眉

此种人的眉毛短而杂乱，从整体上看，显得局促而疏散。他们的眉毛就像长期劳碌的样子，给人一种落魄的印象，运气总是不好，但苦尽甘来，他们早年艰辛，中年往往有所成就，如果有一个得力的妻子管家，家产会有保障。

## 3. 狮子眉

这种人的眉毛粗壮而平直。狮子虽然给人威猛的感觉，但不像老虎那样凶猛，因此人们认为，这种人一辈子比较平淡，中年以后才有可能发达。在事业上属于大器晚成型。

## 4. 螺旋眉

这类人的眉毛既像一个螺旋，又像烫过的卷发，每一根眉毛都卷曲起来，给人一种比较威严的感觉，有如战场上的将军。可能是人们经常把这种人当成将军，所以他们常常用将军"兵不厌诈"的思维去处理问题，生性多疑，与人的关系比较冷淡，对家人也是一样。由于他们沉着冷静，所以寿命较长。

## 5. 利剑眉

此类人的眉毛粗壮，眉头斜上，形如短剑，往往给人凶悍的感觉。一般而言，他们的脾气比较急躁，心胸比较狭窄，与人的关系不很融洽。所以一方面他们要注意身体，另一方面应该特别注意陶冶自己的情操。

## 6.卧蚕眉

这种类型的人的眉毛清秀而细长，眉头眉尾比较细，眉的中间较粗。传说关羽长着这样一对眉毛。他们生性比较机灵，为人仗义。虽老谋深算，但给人一种英俊的感觉，往往是少年得志。由于比较清高，使人产生敬意，所以与人的关系常常不很和谐。

## 7.细弯眉

这种人的眉毛清秀而弯长，眉尾微微上翘，眉毛细长，看起来聪明伶俐。他们谦恭而文雅，非常注意品德的修养，很有作家的风采。与人的关系较好，做事容易取得成功，一生平安，吃穿不愁。

## 8.柳叶眉

这类人眉毛较粗，眉尾弯曲，呈现出不规则的角状，就像春天的一片柳叶。他们表面上给人一种糊涂的感觉，但对人对事往往是哑巴吃汤圆——心中有数。他们比较诚实，与朋友的关系很融洽，家庭观念却比较淡薄。因为朋友很多，中年之后，往往事业有成，名声较大。

## 9. 短秀眉

这种类型的人眉毛短促而清秀，漆黑有光，给人一种慈眉善目的感觉。他们比较讲求信义，抱负远大，心地善良，对家庭负责，对朋友忠义，对父母有孝心，被人认为是有福之人。

## 10. 八字眉

此类人的眉毛像一个"八"字，眉尖上翘，眉梢下撇，眉尖细而浓，眉梢广而淡。这种人不仅看起来比较英俊，而且为人善良，极为勤奋，因而一生衣食无忧，但是终生劳作不息，有时还得不到家人的理解。

## 11. 扁担眉

这种人的眉毛眉头眉尾粗细均匀，给人一种清明的感觉，因形状像扁担而得名。正如扁担的爽直单纯一样，他们比较孤僻，但能够专心做事，很容易获得功名富贵。因为心态坦然，故身体健康，寿命较长。

## 12. 短眉

此种人眉短不过目，性情上自私易怒，不轻易与人妥协，多愁善感，和家人的缘分浅，结婚的机缘也很少，即使结婚也容易离婚或与另一半冷战。

13. 三角眉

也称勇士眉，很多杀手或武士有这种眉。他们刚毅果决，不怕遭遇挫折，喜欢以自我为中心，因而事业上常常是孤军奋战。

## 额头宽的人聪明，额头窄的人老实

额头是指发际与眉毛之间，宽度以三根手指为标准。额头占整个脸的面积是最大的，一般来说，从额头的形状可以看出一个人处事的智慧与态度。

一般情况下，一个人额头的左右跨度的大小是判断一个人额头宽阔或狭窄的依据。额头宽大的人看起来五官更为分明，轮廓更清晰。从人体构造上来讲，额头宽大的人，一般脑容量也就相对要大，头脑比较灵活，逻辑思维也很缜密，所以会给人一种聪明伶俐的印象。很多企业家都是这种类型的人。

另外宽额头的人一般都是心胸比较宽阔的人，在与人相处中不太会与别人斤斤计较，给人一种很开朗大气的印象，乐于交朋友，所以往往人缘都还不错。不过有时也难免会发生听不进去别人劝说的情况，而且这种人做起事来难免有些浮躁，缺乏实干精神，和他们相处要注意方式方法。即使提意见也要委婉地表达，避免硬碰硬或是用一种挖苦的语气来进行劝导。那样只会适得其反。

对待爱情上，额头较宽的人可能更容易花心，他们或许可以和恋人说绵绵情话，但是也可能转眼就被别人吸引去了，同这样的人交往，就不要过于苛求他们一定要时刻地守在自己身边，适当放手，给予他们一定的空间，感情则能更长久一些。

另外还有一部分人额头不仅宽，还比较圆。这样额头的人多半是女性，男性相对较少。长有这样额头的女性比较乖巧、可爱，会得到别人的疼爱，不过她们遇事通常比较优柔寡断，对别人有依赖心理。

额头左右跨度较小的则是人们常说的窄额头。窄额头的人一般比较老实，给人一种温顺含蓄的感觉，他们通常与人为善，容易与别人相处。做事踏实认真，虽然思维不及宽额头的人敏锐，但好在勤勤恳恳。

窄额头的人同样也有缺点，比如没有太大毅力，常常会因为一点小挫折而轻易罢休，性格上稍显幼稚、任性，时常有一些一意孤行的行为。爱发脾气，并且不分场合不看情况，感情也较易冲动。

在与人相处上，这种人不太喜欢争强好胜，他们更向往平静安宁的生活，虽然可能不会有太大的成就，但是他们一般都会安居乐业。对待恋人也愿意付出真心与耐心，一旦锁定了一个对象，就希望能好好地爱对方到老，所以这种人一般家庭生活会比较幸福。


## 嘴唇薄的人，通常爱吹毛求疵

人的外貌特征与道德品质总有一种潜在的细微联系。如品行端正者作风也正派，贼眉鼠眼者多为人奸诈，嘴唇厚薄也同样遵循这一规律。老一辈的人常说："说那么多话，嘴唇都磨薄了。"是的，如果看电视，那些尖酸刻薄的人，一定长着薄嘴唇，好像他们生来就爱耍嘴皮子，唠唠叨叨把嘴唇都磨薄了。生活中，细心观察也可以发现，嘴唇薄的人，遇到事情很喜欢吹毛求疵。因为在他们的概念中，好像只有用滔滔不绝的语言才能战胜对方，厚道和诚信是派不上用场的。

一些身体语言学家对人类的嘴唇也进行了研究，总结出了许多经验。他们不仅得出嘴唇与身体健康相关的结论，也得出了嘴唇厚薄与人的品质性格有关的言论。如：


### 1. 嘴唇厚的人憨厚、实在

嘴唇厚的人总给人一种憨厚、诚实、与世无争的感觉。这种人心地善良、仁慈。在为人处世中，他们总是诚恳待人，诚信做事，对朋友、同事重感情、讲信用，但是，这种人缺乏自己应有的主见：办事缺乏足够的果断。如果一个人有两瓣丰润的朱唇，还表明他身体健康。

## 2. 嘴唇大且厚的人性格坚强

嘴唇大而厚的人往往会给人留下沉着稳重、脚踏实地的印象。通常而言，这种人性格坚强，内心世界感情丰富，具有很强的自尊心和好胜心，做起事来，总有一股冲劲和拼搏力，不达目的，他们绝不肯善罢甘休。为什么嘴唇大而厚的人会给人以这种感觉呢？嘴唇厚的人，面颊通常比较丰满，因此给人一种忠厚老实的感觉，而这种人待人温和，具有良好的人缘。为了保持这一系列优势，他们对自己的工作会愈来愈尽职尽责，做起事来也会更加脚踏实地。

## 3. 嘴唇松弛的人缺乏耐力

嘴唇松弛的人给人一种松松垮垮的感觉。这种人身体一般不会很好，因此办事缺乏足够的体力支持，无论做什么事情，只要过一会儿，他们就会感到精疲力竭。他们适合干那些风风火火的事，因为他们的动作通常会如兔子般敏捷，他们从不缺爆发力，往往缺少些耐力。所以他们应该注意锻炼身体和增加营养，把体力和意志都提到一个新的高度。

## 下巴也是一个人个性的象征

在所有人体部位中，下巴是生理和心理学家研究得最透彻的一个部位。下巴不仅是用来发声和咀嚼，外形上男性的下巴稍有棱角，女性则较为浑圆，通过观察下巴我们还能知道一个人的个性如何。

如果一个人的下巴呈半圆形或是椭圆形，看起来宽厚、浑圆，这种下巴的人为人比较和善，性格忠厚踏实，做事积极卖力。如果男人长有圆下巴，那么他一定是个性格开朗、乐于助人的人，会是一个很好的朋友。如果女人长有这种下巴，则她比较善解人意，并且家庭观念很强，成家之后，会是个贤妻良母。所以圆下巴的人一般都能拥有美满的婚姻生活。

在与人相处上，由于他们温和的性格，能给身边的朋友带来一种安全感，容易得到朋友的信任。

如果一个人下巴呈方形，下巴底部有左右两个棱角。这样的人则是天生的行动派，个性刚毅果断，一旦有了想法，就会立刻展开行动，并会有一种不达目的不罢休的坚韧精神。

此外，方下巴的人还是个理想主义者，有时他们明知道这样做会对自己不利，但仍然会付诸行动，最终如果能够取得成功，他们会认为是理所当然，如果最终以失败告终，则会一反常态，容易做出一些极端，带有破坏性的举动。

由于方下巴的人有强烈的进取心，他们一般容易在所从事领域获得成功。这种个性表现在爱情上则对于自己中意的人则会锲而不舍，即使遇到阻碍，也会想尽办法排除万难，努力追求。

另外下巴比较尖的人，通常性格比较活泼开朗，招人喜欢。但也比较争强好胜，自尊心很强。也很怕被人欺骗，如果不小心得罪他，很可能招到他的记恨。下巴尖且短的人，个性善变、急躁，好冲动，做事常常欠缺周密的思虑，缺乏计划与耐力，喜欢提出一大堆问题与构想，但是事后却无力完成。尖下巴的人喜欢把爱情理想化，并且有较高的审美观。

通过观察下巴帮助我们识别人的个性。与下巴比较圆的人做朋友或是做恋人，会让你的工作或是生活更加轻松，你可以得到他们慷慨的帮助。和下巴比较尖的人来往，可以让他们帮助你提高审美能力。

## 大眼小眼皆藏着秘密

眼睛是心灵的窗户，通过观察他人的眼睛，我们可以捕捉到他人传递出来的心理特质。

首先是观察眼睛的大小。一般眼睛比较大的人，无论男女都能给人一种清澈明亮的感觉。另外打眼看去大眼睛的人好像总是对万事万物都很好奇的样子，所以他们通常都比较喜欢尝试。即使某件事他们从前已经做过很多次了，可是他们依然不会对这种事情厌烦，相反在做的过程中他们一样会兴致勃勃，仿佛从没做过一样。

在大眼睛的人之中，有些人眼球大而外凸，这种人一般智商很高、个性很强。他们往往具有很强的领导能力，工作能力也比较强。大眼睛流露出的天真无邪，也是他们人缘好的魅力所在。在社会生活当中，这种类型的人无论男女，总是能够成为某一行业或是领域内的佼佼者。因为他们从实力上不比别人差，从处事手段上也总是能够胜人一筹。

这种人对待恋人一般会很热情，将自己的注意力都集中到对方身上，有时候这种似乎有点过头的关注，多少会让对方不自在。不过也算是一种甜蜜的烦恼。

小眼睛的人虽然看上去在外貌上不及大眼睛的人，但是他们通常待人比较亲和，让人看着他们就觉得喜爱，所以小眼睛的人一般人缘都会不错。而且，小眼睛的人一般还比较聪明。

另外小眼睛的人心思比较细腻，整体比较聪明。但相对于大眼睛的人来讲，更加善变，让人难以把握和揣测。要注意小眼睛白眼球多的人，这样的人一般比较功利，不讲情面。

在爱情当中，小眼睛的人对恋人相对体贴周到，但是他们却很难做到百分之百地向对方付出真心，通常会给自己留一手。

我们还可以通过观察眼皮来了解一个人。从进化论的角度来说，上眼皮皮下脂肪丰厚的单眼皮，比上眼皮皮下脂肪单薄的双眼皮进化程度更高。总体而言，眼皮主要起保护眼睛的作用，单眼皮是为了更有效地发挥这一作用而进化来的。

研究表明，单眼皮的人冷静，有逻辑性，观察力和集中力均优，思虑深，意志力坚强。性格消极，沉默寡言。做事细心、谨慎，虽有持续力，但个性顽固。而双眼皮的人知觉性强，感情丰富，热情开朗，顺应性和协调性优异，行动积极敏捷。

从下眼皮可以发现过度疲劳的痕迹。把获得了充分睡眠的人和睡眠不足的人作一下比较，就会发现，睡眠不足的人下眼睑周边呈现黑色，形成黑眼圈。过度疲劳、淫乐无度、病魔缠身、郁闷苦恼，等等，都会出现这一征兆。当然，一般来说，下眼睑周边会随着年龄的增长，相应出现窝、皱纹、下垂等。

第四章

# 手足连心：从不说谎的肢体语言

## 点头如捣蒜，表示他听烦了

点头是最常见的身体语言之一，它可以表达自己肯定的态度，从而激发对方的肯定态度，还可以增进彼此合作的情感交流。点头能够表达顺从、同意和赞赏的含义，但并非所有类型的点头姿势都能准确传达出这一含义。点头的频率不同，所代表的含义就有可能不同。

缓慢地点头动作表示聆听者对谈话内容很感兴趣。当你表达观点时，你的听众偶尔慢慢地点两下头，这样的动作表达了对谈话内容的重视。同时因为每次点头间隔时间较长，还表现出一种若有所思的情态。如果你在发言时发现你的听众很频繁地快速点头，不要得意，因为对方并非就是赞同你的观点，他很可能是已经听得不耐烦了，只是想为自己争取发言权，继而结束谈话。

刚刚大学毕业的明宇去一家单位面试，负责面试的是一个年轻女孩。问了几个常规问题后，她话锋一转问起明宇的兴趣爱好。明宇随便聊了几句法国小说，张口雨果闭口巴尔扎克和她聊了起来。年轻考官好像很感兴趣，对他不住地点头，明宇仿佛受到了鼓舞。话题轻松，聊的又是明宇的"强项"，他有些有恃无恐，刚进大学那阵子猛啃过一阵欧洲小说，觉得还真帮上了大忙。见考官这么有兴致，明宇当然奉陪。眼看临近中午，年轻的面试官不住地点头、不停地看表，明宇还没有停下来的意思，原定半小时的面试，他们谈了一个多钟头。面试结束，考官乐呵呵地说："回去等消息吧。"明宇也乐呵呵地说："希望以后有机会再聊。"明宇回去悠闲地等，最终也没有等到复试的通知。

从这个例子可以看出，听众在你发言的时候不停地点头，往往不是对你十分赞同，而是觉得你说话太啰唆，他只是想借助这个动作让你不用再多说。明宇在表达的时候不顾及他人的肢体语言传达出的感受，一厢情愿地侃侃而谈，如此会错了意又怎么会有好的谈话效果？同时，经过心理学家的实验证实，当对方做"点头如小鸡啄米"这个动作时，当他快速地点头的时候，他其实很难听清你在说什么。被父母唠叨的小孩子身上也能经常见到这样的动作，当父母说"你不能……"的时候，孩子会频频点头，嘴里叨念着"知道了，知道了"。这样的动作恐怕真是答应得快、忘记得更快了。

如果对方是真正赞同地点头，他会在你说完话后，缓慢地点头一下到两下，这样表示他是在用心听你说话。如果他希望你继续提供信息，他会在你谈话停顿时，缓慢而连续地点头，他是在鼓励你继续说下去。点头的动作具有相当的感染力，能在人的心里形成积极的暗示。因为身体语言是人们的内在情感在无意识的情况下所做出的外在反应，所以，如果他怀有积极或者肯定的态度，那么他说话的时候就会适度点头。

## 对方与你的身体距离，折射出与你的心理距离

小平是一个推销保健品的业务员。一天，她在小区里遇到了同楼住的王大妈，也许是平日里"低头不见，抬头见"的关系，她向王大妈介绍保健品的时候格外热情。在整个讲解的过程中，她不断拉王大妈的胳膊、搭肩膀、贴耳说话，想让王大妈快点买她的保健品。可是适得其反，王大妈紧缩双眉，小平向她靠近一步，王大妈就退后一步，始终和小平保持着一定的距离。最后，王大妈婉拒了小平推销的产品。

从例子中可以看出，王大妈的身体语言曾多次暗示小平，她并不想买小平的产品，她对小平并不信任，可惜小平没有读懂。有个很简单的技巧可以判断你的谈话对象是否信任你，即在你们站定后，如果你轻轻上前一步，想拉近你们的距离，而对方却后退一步，这很明显他对你有戒备心，他并不信任你；如果这时你还不识相地再进一步，他会愈发不信任你，他每退一步，就对你的信任打了折扣。

人与人相处需要一定的距离，想让对方信任你，先要保持"让对方舒适"的距离。在这一点上人和动物其实是相似的。叔本华曾经讲过一个刺猬哲学。一群刺猬在寒冷的冬天相互接近，为的是通过彼此的体温取暖以避免冻死，可是很快它们就被彼此身上的硬刺刺痛，相互分开；当取暖的需要又使它们靠近时，又重复了第一次

的痛苦，以至于它们在两种痛苦之间转来转去，直至它们发现一种适当的距离使它们能够保持互相取暖而又不被刺伤为止。

根据叔本华的这一比喻的延伸，人与人之间也应有一定的距离。以日常生活中乘坐公交车为例，如果上车后你发现只有最后一排还有几个座位，走在你前面的一位大爷坐在了中间，旁边还有四个座位，这时，你会坐在哪里呢？一般情况下，你多半会坐在两边靠窗户的座位上，而不会紧挨着那位大爷坐下。这是因为人在潜意识里会不知不觉地和不熟悉的人保持一定的距离。

美国人类学家爱德华·霍尔博士将人类的这种距离关系划分为4种：

### 1. 亲密距离

这是你和他人交往中的最小间隔，即我们常说的"亲密无间"，其范围在15厘米之内，彼此间可能肌肤相触、耳鬓厮磨，以至于相互能感受到对方的体温、气味和气息；其远范围是15～44厘米之间，身体上的接触可能表现为挽臂执手，或促膝谈心，仍体现出亲密友好的人际关系。

### 2. 个人距离

这是人际间隔上稍有分寸感的距离，较少有直接的身体接触。个人距离的近范围为46～76厘米之间，正好能相互亲切握手，友好交谈。这是与熟人交往的空间。如果你以陌生人的身份进入这个距离会构成对别人的侵犯。个人距离的远范围是76～122厘米，任何朋友和熟人都可以自由地进入这个空间。不过，在通常情况下，较为融洽的熟人之间交往时保持的距离更靠近远范围的近距离76厘米，而陌生人之间谈话则更靠近远范围的远距离122厘米。

### 3.社交距离

人际交往中，亲密距离与个人距离通常都是在非正式社交情境中使用，在正式社交场合则使用社交距离。这已超出了亲密或熟人的人际关系，而是体现出一种社交性或礼节上的较正式关系。其近范围为1.2～2.1米，一般在工作环境和社交聚会上，人们都保持这种程度的距离。

### 4.公众距离

这是公开演说时演说者与听众所保持的距离。其近范围为3.7～7.6米，远范围在7.6米之外。这是一个几乎能容纳一切人的"门户开放"的空间，人们完全可以对处于空间的其他人"视而不见"、不予交往，因为相互之间未必发生一定联系。因此，这个空间的交往，大多是当众演讲之类，当演讲者试图与一个特定的听众谈话时，他必须走下讲台，使两个人的距离缩短为个人距离或社交距离，才能够实现有效沟通。

当然，人际交往的空间距离不是固定不变的，它具有一定的伸缩性。生活中，你要关注谈话对象的肢体语言，因为随便进入他人的"亲密范围"，不光会使他对你的信任度降低，还会使他对你的反感加深。

## 从脚尖的方向看对方是否对你感兴趣

我们在阅读身体语言时，很容易忽略脚尖的指向。似乎脚在地上的摆放位置只是一种天然的习惯，没有更多的深意，所以脚尖朝向也就不值得探讨。实际上，当人类的上身在自身潜意识的作用下发生偏移的时候，他们的下肢也会随着移动。

我们对身体语言的研究通常会重点关注上肢动作，例如手势等。但其实，下肢动作更能反映人的内心，下肢动作也很难撒谎。大部分人在注意了自己的上肢动作后都很难顾及下肢的动作。于是内心最真实的想法就很容易通过下肢动作流露出来。比如他的脚尖就会不由自主地朝向他关注的事物。例如，几个朋友一起结伴到餐馆吃饭，他们围坐在一张桌子旁边。从桌子上方看，他们互相之间都有着融洽和谐的关系。而从桌子下方，则有了不同的场景。另外的几个人的脚尖都朝向了其中的一个人，由此也看出，这个人才是这群人中间的主角，他才是大家的兴趣所在。

因此，如果你在和人交谈的时候，发现他们的脚尖正对着你，这基本可以断定，他们对你和你所说的都非常感兴趣。如果兴趣加深，他们会将一条腿自然伸向你，脚尖也指向你。腿伸向你是脚尖朝向的强化动作，后者只是微微表露了心意，而将腿伸向你则是向你明确示好。当你与对方谈话时，无论他是对谈话内容还是对你感兴趣，他们都会把脚伸向你，脚尖指向你。反之，如果他们感觉兴味索然，他们就会缩回自己的脚，脚尖甚至指向与你相反的位置。如果你们是坐着谈话，这样的行为更加明显。当他们不想发表谈话，也懒得附和你的意见时，他们就会把脚收回，有时候他们甚至会交扣着脚踝放到椅子下面，呈现出一个封闭式的姿势。

此外，如果你细心观察会发现，人类在行走时，脚尖的朝向会有所不同，也就是我们常说的"外八字"和"内八字"之分，如果排除生理缺陷等原因，这些行走中的脚尖朝向也在一定程度上反映了他们的性格趋势。

如果一个人习惯用"外八字"的姿势走路，也就是脚尖往外偏的幅度很大，表明他会被一些无关紧要的小事所吸引。他有很强的猎奇心理，为了得到更多的信息，他甚至愿意绕道而行，这样的人比较容易敞开心扉，容易接纳新的事物。所以如果你和他交谈，他比较容易对你产生兴趣。

"内八字"使得脚尖朝向里，给人一种可以随时刹车的感觉。如果一个人习惯用"内八字"的姿势走路，表明这人经常犹豫不决，做事小心翼翼。如果他的上身姿势也经常是封闭性的，那么他的内向、拘谨的性格特征就更加明显了。他永远是一副憨实厚道的样子，但这样的人在厚道的外表下，并不显得沉静。他平常留意生活中的细节，事事喜欢按部就班地进行，如果有突发事件发生就会大乱阵脚，而显得手足无措。如果你让他成为被人瞩目的焦点，他甚至会浑身不自在，因为他往往只追求平淡的生活。你和他交谈，他也很难真正对你产生兴趣。

尽管人类用鞋子遮住了双脚，但是它们仍然是有活力的身体部位。当人类的情绪发生变化的时候，双脚能第一时间做出反应。

## 脚踝相扣，是为了抑制紧张的情绪

作为身体语言的一部分，腿脚的动作细节也在诉说着无声的语言。如果你和别人交谈时发现他的脚踝相扣，这表示他对你持有的否定或防御的态度，他做这样的动作是为了抑制紧张的情绪。

更有趣的是，当谈话对象的脚踝相扣时，他的内心往往会产生"紧咬双唇"的潜意识。由于他内心缺乏把握或者是恐慌害怕，彼此双扣的脚通常会被悄悄地挪到椅子底下，与此相对应的就是沉默寡言的态度。因此，脚踝相扣体现的是一种消极、否定、紧张、恐惧，或是不安的内心情绪。

如果一个人做出脚踝相扣的动作，则表明他在心里极力克制、压抑着自己的某种情绪。比如在法庭上，开庭之前几乎所有的涉案人员就座在各自位置上，他们通常会双腿交叉，呈现出不是很紧张的状态。而在审判的过程中，被审人员为了减轻心中的压力和消除自己心头的恐惧、恐慌情绪，却会将脚踝紧紧地靠在一起。这就无疑显示了他们紧张、恐慌的心理。再如，面试时，如果你留心一下参加面试人员的脚部情况，你就会发现，很多人几乎都会做同样的姿势——把踝骨紧紧锁在一起。这个姿势就泄露了面试者的心理情绪状态，即他们在努力克制自己心头的紧张、压抑、恐慌等情绪。此种情况下，为了帮助面试者控制好情绪，面试官就会暂时岔开主要话题，或者直接走到面试者旁边坐下，以拉近彼此间的距离，从而让其消除心头的压抑和紧张。如此一来，双方就能在一个相对轻松、友好的氛围中进行交流了。

在公共场合中，我们常常看到夹紧双腿、脚踝相扣的人，尤其是那些身着短裙的女性。虽然我们可以从避免走光的角度出发去推测女性紧夹双腿姿势的含义，但实际上，短裙并不是关键的原因。从一些并没有穿短裙的女性身上，你还是可以看见这些动作。比如，她们会忽然把脚踝扣在一起，双膝并拢，两只脚置于身体同一侧，双手并排或是交叠着轻轻放在位于上方的那条腿上。做这些动作其实说明实施者感觉紧张或不安全。当她们感到舒适时，她们会自然地打开自己的脚踝。当然，由于性别的不同，男性在做这一动作时存在一定的差异性。男性在锁定脚踝时，通常还会双手握拳，并将其放在膝盖上。有时，一些男性则用双手紧紧抓住椅子或沙发两边的扶手。但是无论是女性还是男性，这样的动作无疑表明他们正在努力克制自己内心的紧张。

脚踝相扣除了表示一个人在心里进行自我克制以外，它有时也是一种踌躇不决的信号。比如，在谈判的过程中，如果你是个经验丰富的谈判专家，在你看见对方做出踝部交叉的姿势后，你应该感到窃喜，为什么会这样呢？因为这个姿势表明对方心里可能隐藏一个重大的让步，只是他现在心里摇摆不定，究竟要做多大的让步才合时宜。此种情况下，如果你立即向对方提出一系列试探性问题，并采取一切可能的措施，对方会很快改变这种犹豫不决的体式，最终做出较大的让步。

总之，无论是紧夹双腿，还是脚踝相扣，如果有人对你做这样的动作，这都表示他很紧张、焦虑和不安。这些姿势是封闭性的，他没有准备好和你好好交流。你需要做好心理准备，你和他的对立局势可能会延长。

## 用一条腿支撑身体的重量，表示想告辞了

双腿远离头部，人们对它们投入的注意力往往很少。殊不知，人的腿部动作是丰富的信息源，能够泄露出人们内心的秘密。想象一下，如果你是个十分健谈的人，你正对朋友滔滔不绝

地描述最近一次出国的经历，而他要赶着参加一个同事的婚礼，你兴致正起拉着他不放。你能猜到他会是什么姿势？是的，他会做出"稍息姿势"，即把身体的重心放在一条腿上，这是一种意图线索，表明他想要告辞了。

用一条腿支撑身体的重量的姿势有助于我们判断一个人当下的打算，因为休息的那条腿，脚尖所指的方向，往往是离他最近的出口位置。如果你在和他人谈话时发现，他改用了稍息姿势，那就表示他想结束谈话，他要离开了。

除了稍息姿势，还有其他的身体语言表明谈话者想终止谈话、想要离开的意愿。

### 1. 起跑者的姿势

起跑者的姿势也传达出想要离开的愿望。表达这种愿望的肢体语言包括身体前倾，双手分别放在两个膝盖上，或者身体前倾的同时两手分别抓住椅子的侧面，就像在赛跑中等待起跑的运动员一样。这时你如果注意观察他的双脚，通常是两腿前后分开，一只脚前脚掌着地，脚跟高高抬起。在你和别人交谈的过程中，只要你看到他做出这样的动作，这就是他想要离开的标志。他的身体分明在说：预备，脚踩在起跑线上，我要告辞了……

### 2. 两腿不停地换边

这种情形在开会时常见，通常他们的腿是交叠的，不停地换边，一会儿这条腿压在了那条腿上，一会儿又按照相反的方向重复交叠，看起来有点像"尿急"的感觉。这是他们想要赶快结束、着急离开的标志。

3. 两腿交叉，手脚打拍子

两腿交叉和着手脚的拍子，显出了他们的焦急，他们的身体语言分明是向你表明：快点吧，快点结束吧，我要走了，再不快点，我要逃遁了。

总之，很多时候人们出于礼貌不会直接说想要离开，但他们的腿部语言不会说谎，如果你看不懂他们身体的这些"明示"，很可能会被归类在不识相的一族里！如果你发现对方这些硬撑下去的动作，那你要识趣一点，他们是要告辞了。

## 脚尖向上翘起的人，听到了好消息

当人们感到高兴或幸福的时候，会飘飘然，整个人会有一种被向上提升的感觉。如果让你画一副笑脸，你是不是首先会画上向上翘的嘴角？其实，当一个人感到高兴或幸福的时候，上翘的不只是嘴角，还有他的脚尖。对于兴奋的人来说，重力好像不起作用了。

在我们所处的环境中，背离重力作用的行为每天都会走进我们的视线。例如，观察一下你身边悠闲打电话的人，如果他在听完电话后，把本来平放在地上的一只脚换了一种姿势，他的脚跟还处于着地的状态，脚掌和脚尖却向上翘了起来，脚尖指向天空方向。不要以为这样的动作稀松平常，其实，这表示打电话的情绪不错，他正听到或者讲到什么令自己非常高兴的事。他的身体动作分明散布着这样的语言信息："棒极了，简直太好了！"这种动作代表的心理状态和向上跳跃、欢呼是相似的。

### 1. 颤动的双脚

如果你发现一个人的双脚在颤动或摆动，甚至他的衬衫和肩膀也会随着颤动，这是他心情大好的标志，这些细微的动作正向你表明，他很轻松、愉悦和满足。很多人在听着美妙的音乐时会抖动双脚，也是这个道理。

### 2. 把玩鞋子的脚趾

做这个动作的以女性居多，当感到愉快的时候，女性常常会把玩鞋子，她们有时候会用脚趾将鞋子挑起再放下，如此反复。或者将鞋子挑起来摇晃。

### 3. 交叉放松的双脚

你和朋友交谈得轻松愉快，你会发现，他改为双腿交叉的姿势站立了。这是他感到轻松愉快的标志。你们的关系很好，他可以卸下防备，完全放松下来。

总之，脚部传达的信号是诚实的，是很难作假的。可以抓住对方一个不经意的脚部动作，从而明察秋毫，看穿他的情感趋势和真实意图。

## 走路缓慢踌躇的人，缺乏进取心

生活中，我们常常可以看到一些人在走路的时候缓慢而踌躇，他们一副心事重重的样子，走路犹犹豫豫，仿佛前面有陷阱等着他似的。即使有十万火急的事催他，他也一样慢吞吞，就像"怕踩死蚂蚁"似的。他们属于典型的现实主义者，为人软弱，缺乏进取心，逢事顾虑重重，简直有点杞人忧天。

走路时仿佛身处沼泽地的他们，大多性格较软弱，遇事容易裹足不前，不喜欢张扬和出风头；顾虑重重，绝不敢做第一个吃螃蟹的人，结果往往错失良机。但是，也正是因为他们的性格特点，所以走路举步缓慢的人做事谨慎，他们憨直但无心机，十分重感情，一旦他认定你是自己的朋友，他们会当你是一辈子的至交。他们凡事讲求稳妥，喜欢凡事"三思而后行"，从不好高骛远，他们喜欢脚踏实地，稳扎稳打。

走路缓慢蹒跚的人，一般时间观念不强，他们不懂得去争取时间，因为他们没有足够的上进心。他们不光在走路时表现动作缓慢，在做其他事情时也是这样，总是一副不紧不慢的样子，让旁人看在眼里时总想催促他快些，再快些。他们总是在想："你管我是快是慢，不管怎样，我完成任务就行了。"他们并不去想什么时候能升职，什么时候能加薪之类的问题。他们懂得"知足者常乐"。他们不喜欢忙忙碌碌的生活，看别人为生活忙碌奔波，他们甚至还会不理解，会问："你们干吗把自己搞得紧张兮兮？"虽然他们没有进取心，但做起事来还是比较稳妥的，如果他们在事业上得到提拔和重视的话，肯定不是他们有什么"后台"，而是他们那种务实的精神给自己创造了条件。

　　然而，有时候他们也并不一定就做得好。他们喜欢按部就班，少动些脑筋。做起事来可能相对于动作快的人会少犯点错误。所以尽管他们做得慢，但一些细节上的问题他们也常常考虑不周全。所以，当我们碰到这种经常走路缓慢蹒跚的人时，基本上可以断定他们是缺乏进取心的人。

　　这类人为人软弱，缺乏进取心和安全感。他们的观点是"耳听为虚，眼见为实"，所以他们一般不轻易相信别人的话。他们也特别重信义、守承诺，你把他们当作朋友相当不错，不过你千万别欺骗他们，否则有一天被他们发现了，他们会发誓一辈子记恨你。

# 第五章

眼随心动：
眉梢眼角藏心计

## 表示心虚的视线转移

当我们在评论某一个人时，往往会用"眉清目秀""浓眉大眼"，或是"贼眉鼠眼"等词语。可见，"眉目传情"确实是可行的。也即，眉眼可以当作一种非常独特的表现手段来表征一个人的个性特点，尤其是视线更能表现一个人的种种心态。

在日常生活中我们经常可以遇见这样的情形，当你与一个人交谈时，对方的眼神总是闪烁不定，一旦遇见你的视线后，就会迅速将自己的眼神移开。此种条件下，你就会觉得他心中可能隐藏着某事，或者是背着你做了对不起你的亏心事。这种担心是有科学根据的，就心理学而言，回避视线的行为，往往被认为是一方不愿被对方看见的心理投射。也即，隐藏着不想被对方知道某事的可能性非常大。比如，那些守卫银行金库的警卫中，面对闪闪发光的黄金，以及堆积如山、令人眼花缭乱的钞票，有的警卫可能会开玩笑地说一些"这么多的钱，我只要一口袋就满足了""要不我们一人随便拿一点跑了算了"等等之类的话。在这些开玩笑的话语中，如果有某位警卫不仅没有插话，而且还故意将视线从金光闪闪的黄金和花花绿绿的钞票上移开。这就表明，此人最可能监守自盗，他才是真正"敢想、敢做"的人，他之所以要把视线从黄金和钞票上移开是对想拿黄金和钞票心理的沉默的自制表现。一旦有适当机会，这种人极有可能会"大干一场"。与之相反，那些开玩笑说"随便拿一点跑了算了"的人，往往仅是说说而已。当然，这并不是说他们对金钱没有欲望，而是他们将心中的这种欲望以玩笑的方式宣泄出来，心里也就在一定程度上获得了一种替代性满足，这就大大降低了他们变"玩笑"为"现实"的可能性。由此可见，视线的转移往往是人内心活动的反映。在与人交谈的过程中，多留意一下对方视线的变化，或许你可能从中了解到很多更为真实的东西。

虽然视线转移在很多时候是心虚的表现，但这并不意味着一个人在与对方发生视线接触时一有视线转移就表示心虚。在医学上，有一类人群被称为"视线恐惧症"患者，他们在与别人发生视线接触后，往往会立即转移自己的视线。因为他们觉得对方的眼光太过于强烈，从而使自己的眼睛不由自主地剧烈眨动，这会让他们感觉非常不舒服。与此同时，他们的心理也处于一种矛盾的状态之中，一方面他们想如果与对方进行对视，会不会使对方感到不快，另一方面又想自己若是进行视线转移，对方会不会看透自己的心理。在这种进退两难的矛盾状态之中，他们越是焦急，就会更加注视对方的眼睛，更剧烈的反应便随之产生；越害怕对方会看透自己的心理，强烈不安的心理情绪就越严重。一般来说，此种类型的人，他们之所以会产生"视线恐惧症"，归根结底，是因为他们缺乏自信心。他们往往是通过别人眼中反映出的自己来认识和确认自己的存在与价值。

此外，一个人不与对方发生眼神接触而进行视线转移，可能也不是心虚的表现，而是与特定的文化背景有关。

当一个人被置于陌生的环境中，他一定会感到不安全，并想尽快逃离此地。于是，他会四处寻找逃脱的途径。可想而知，那时他的眼光肯定是游移不定的。反过来，如果某人的眼神四处游移，那么，他肯定感到了某种不安，想尽快摆脱当前的处境。

当某人和一个令他极为讨厌的人待在一起的时候，自然会产生赶快摆脱的念头。此时，他肯定会望向别处，寻找逃脱的门路。可是，如果这个人是他不便得罪的人，赤裸裸想逃脱的视线一定会让对方不快。于是，他不得不克制自己的情绪，尽可能不把视线从那个人身上转移，以免让对方看出自己对他毫无兴趣。如此一来，便出现了这样的矛盾，情感上想尽快逃离，理智上强迫自己看着对方，为了掩饰内心真实想法，有时他甚至会发出微笑来假装对对方感兴趣，只不过这种微笑有别于真正的开心，通常是双唇紧闭的。

要是在交谈中发现这种眼光，你应该理解对方对你何等厌恶，还是知趣点，尽快结束谈话，以免更多的尴尬。

## 眼睛斜视的意义

在动物界，当某种动物准备攻击猎物时，它往往会用眼睛死死地盯住对方。在对猎物进行数秒或数分钟的视觉恐吓后，它就会以迅雷不及掩耳之势攻击对方。作为"宇宙的主宰""万物的灵长"的人在攻击对方时，往往也会采用此种方式。

在相扑、拳击之类的竞技运动中，运动员不仅要进行常规的训练，还要接受一种眼神训练。这种训练，要求运动员能够不眨眼地凝视对方的眼睛，并且时间越长越好。如果能练就一双锐利凶狠的眼睛，就能在搏斗时以眼神挑衅对方，甚至摧毁对方的意志。

相关研究显示，不少相扑运动员之所以能经常获胜，并不是因为他们的技术多么出色，或与对手相比占有多大优势，而是因为他们通过赛前凝视的目光取得了心理上的优势。在他们的逼视下，对手往往会产生畏惧的心理，并最终在战斗中失败。

生活中，一个人的威严感，或者震慑力，往往不是因为他们的身体多么高大，而是因为他们的眼神可怕。所谓英气逼人，目光如刀，说的就是眼神的威力。

如果一个人的眼神显得柔弱无力、弱不禁风，这肯定不会让其在受到攻击时，对"敌人"产生威慑力。那如何才能使一个人的眼神具有威慑力呢？其实很简单，当一个人忽然受到他人威胁或攻击的时候，应该高昂起自己的头，和"敌人"进行眼神交流，直盯着对方，不眨眼睛。切忌不能将视线转向一边或是双眼盯地。因为一旦这样，"敌人"就会认为你感到害怕、恐慌，理所当然，你就容易受到"敌人"的伤害。

随后，开始移动眼球、脑袋，同时保持肩和身体其他部位原地不动，把眼神逐渐从一个人转移到另一个人身上。如此一来，那些被你眼神"扫描"过的人，肯定会感到后背发凉了，这样就能取得不战而退人之兵的效果。

## 瞳孔扩张，表示对你的谈话感兴趣

日常生活中我们很容易观察到别人的手势、坐姿、表情等身体语言，而对于眼睛的观察只是停留在暗淡无光或是炯炯有神的层面上，其实人的瞳孔里还有很多值得我们去发掘的信息。人的眼睛通过数条神经与大脑连接，它们从外部获取信息，然后通过神经把信息传递给大脑。受到刺激的大脑又反馈信息给瞳孔，于是人的心理也就在瞳孔上表露出来。如果说眼睛是心灵的窗口，那么瞳孔就是窗内的风景。

美国芝加哥大学研究瞳孔运动的心理学家埃克哈特·赫斯发现，瞳孔的大小是由人们情绪的整体状态决定的。如果有一天，你兴致勃勃地和某人聊天，发现他的瞳孔扩张，认真聆听你的谈话，这表明他对你的谈话非常感兴趣，你可以继续发表你的言论。

晓月在电脑城卖电脑，她向顾客推荐新产品时，她会一边介绍，一边留意顾客瞳孔的变化，如果她发现顾客在听她讲解的时候瞳孔明显变大，心里就会暗自窃喜，因为她知道她的推销成功了，顾客对她的谈话和她推荐的商品都很感兴趣，她会把价钱要得很高。

从例子可以看出，当一个人对你的谈话内容感兴趣的时候，会在他的瞳孔上有所反映。当一个人处于兴奋、高兴的情绪状态时，其瞳孔就会明显变大。反之，当一个人处于悲观、失望的情绪状态时，其瞳孔就会明显缩小。据此，细心的你可以通过他人瞳孔的变化发现生活中其他的有趣现象。

例如，一个性取向正常的人，不管是男人还是女人，只要他们看到异性明星的海报，瞳孔便会扩张；但若看到同性明星的海报，瞳孔就会收缩。同样，当人们看到令人心情愉快或是痛苦的东西时，瞳孔也会产生类似反应。比如，看到美食和政界要人时瞳孔会扩张；反之，看到战争场面时瞳孔会收缩，在极度恐慌和极度兴奋时，瞳孔甚至可能比常态扩大 4 倍以上。婴儿和幼童的瞳孔比成年人的瞳孔要大，而且只要有父母在场，他们的瞳孔就会始终保持扩张的状态，流露出无比渴望的神情，从而能够引来父母的持续关注。

一般来说，当人们看到对情绪有刺激作用的东西时，瞳孔就会变化。赫斯还指出，瞳孔的扩张也与心理活动密切相关。例如，某个工程师正在冥思苦想努力解决某个技术难题时，当这一难题终于被攻破的那一刹那，这位工程师的瞳孔就会扩张到极限尺寸。

很多玩牌的高手之所以能屡战屡胜，最主要的原因就在于他们善于通过观察对手看牌时瞳孔的变化来揣摩对方手中牌的好坏。他如果看见对方看牌时瞳孔明显扩大，则可基本断定对方拿了一手好牌，反之，当他看见对方看牌时瞳孔明显缩小，据此他又可以断定对方的牌可能不太好。如此一来，自己该跟进还是该扔牌，心里也就有底了。如果对手戴上一副大墨镜或太阳镜，那些玩牌的高手可能会叫苦不迭。因为他们不能通过窥探对方瞳孔的变化来推断对手手中牌的好坏。如此一来，他们的获胜率肯定会直线下降的。

这一点还体现在青年男女约会上，如果你的约会对象在注视你的时候，眼神温柔、瞳孔扩大，那基本可以断定他是喜欢你的。关于瞳孔扩张的这一发现被研究引入了商业领域，人们发现瞳孔的扩张会令广告模特显得更有吸引力，从而吸引更多的顾客购买商品。因此，商家通常将广告照片上模特的瞳孔尺寸修改得更大一些，有助于提升产品的销量。

有句老话说，在和别人说话时，要看着对方的眼睛。是的，如果他在和你交谈时，瞳孔扩张，那真要恭喜你，这表明他对你的谈话很感兴趣。下次，要"好好看看对方的瞳孔"，因为瞳孔从不说谎。

## 走路时视线向下的人凡事精打细算

孔子曾说过："观其眸子，人焉廋哉！"意思就是说，想要观察一个人，就要从观察他的眼睛开始。因为眼睛是人的心灵之窗，所以，一个人的想法经常会由眼神中流露出来。而研究发现，一个人的视线，尤其是单独走路时无意识流露出来的视线，总会在无意间展露内心的意识以及喜好。

正常人在走路时视线是在前面 3 ~ 6 米的位置，角度通常是75 度，在有人告诉你有危险或自己感觉到有异常时，人走路的视线角度会发生很大变化，可能在前面 1 米左右，角度非常小，步幅自然减小，以应对突发的变化。但是，如果你细心可以发现，生活中很多人在平时走路时视线都是向下的，颇有走自己的路，让别人去说的味道。这类人往往小心谨慎，凡事精打细算。这样的人都比较内向，他们心机比较重，为人谨慎、多疑，看似无心，实则总是在思索。与他们交流，你能感受到，他们对于能带来实质性收获的交流感兴趣，重视家庭生活。

在与人交往的过程中，如果你希望深入了解他人的喜好、秉性，你就需要多留意他人的视线。以下就来讨论不同的视线区域可能代表他人的哪些特质。

### 1. 走路时视线朝上

这样的视线，通常会配合轻快悠闲的步履，头微微上仰，双手插在口袋里。如果你在路上遇到他，他可能还哼着小曲儿。这类人往往个性质朴，活得轻松自然，喜欢自然界的一切美好事物。一朵花、一只小狗、一顿晚餐，都能为他带来身心的满足。

### 2. 走路时习惯平视

这类人个性认真，凡事喜欢就事论事，多半不喜欢拐弯抹角，不喜欢浪费时间，这类人属于务实派。

### 3. 走路时盯着某物直瞧

平时很容易见到这类人，吸引他们目光的可能是一支笔、一只猫。其实，吸引他们的不是这些东西，真正吸引他的通常和他正处理的事务相关。这类人往往专注力强，此时，他正沉浸在自己的世界里天马行空，这类人喜欢谈论目前手头上正在进行的事务。

### 4. 走路时喜欢东张西望

在走路时喜欢东张西望的人，往往专注力不强，这类人很容易受到外界的干扰，总是漫不经心，好奇心比较重，喜欢新鲜的人、事、物。如果你和这样的人讨论问题，他往往会反复问相同的问题。是的，他根本没有仔细听。这就是小时候老师常常批评的"注意力不集中"。

总之，每个人走路时的视线区域是不同的，了解这些细微差别，你就可以从这些司空见惯的动作里透视人心。

## 避开视线、延长眨眼时间是讨厌的信号

视线表达了一种关注感，被视线关注的人会自然地用心聆听凝视者的话。而视线还有其他的魔力，透过视线，你可以了解他人的心态和情感。

当你发现别人竭力避开你的视线或者延长眨眼时间的时候，肯定是有什么事情让他们觉得不对头。他也许是不喜欢你，或者对你不感兴趣；也许是在自我保护，或者有事隐瞒；也有可能是不知道怎么面对你，或者仅仅是害怕你。

如果对方快要跟你的眼神交会时，突然避开你的视线，虽然表面上没有拒绝跟你说话，但却已经散发出不想再继续交谈下去的信息了。既不想再听你说话，也没有认同你的意思。如果某人避开视线故意让你看出来，这样的人就比较极端，这是对你抱有

敌意与嫌恶，而且毫不隐藏地表现出来。如果在谈话期间视线一直不肯和你的视线交汇，恐怕是因为对方讨厌你，也有不想被你所左右的意思在里面。

心理学家达尼尔曾说过这样一句话："敢于与对方做眼神接触表现了一种可信和诚实；缺乏或怯于与对方进行眼神接触可以被解释为不感兴趣、无动于衷、粗蛮无礼，或者是欺诈虚伪。"事实也往往如此。一家医院在分析了收到的大约1000封患者的投诉信后归纳出，大约90%的投诉都与医生同患者缺乏眼神接触相关，而这种情况往往被认为是"缺乏人道主义精神或是同情心"。

为什么有些人和你说话你会感到不舒服？而有些人和你说话却会令你感到不自在，还有一些人在和你说话时甚至会让你怀疑他们的诚信？这是因为眼睛能够透视人们内心的想法。会面的两个人如果彼此较多地注视对方的眼睛，那就代表他们彼此之间都很感兴趣，或者对所谈的话题有热情。相反如果话不投机，彼此之间就会尽量避免注视对方，这样可减轻紧张的形势。

当然，如果他不喜欢你，也可以通过延长眨眼时间来传达讨厌你的信号。在正常的条件下，一个人眨眼的频率是1～3次/分钟，每次闭眼的时间也仅仅为1/10秒。但是，在某些特殊的情况下，为了特定的目的或是为了表达特殊的情感，一个人可以故意延长他眨眼的时间。如果你凑巧遇到某个人对你做出此种姿势，就得留意他此举的含义了。

这里所说的拉长时间，并非他迅速地眨眼，再隔很长一段时间之后进行下一次的眨眼动作，而是每一次眨眼动作的时间被拉长。要实现这个目的，人们在每次眨眼时，眼睛闭上的时间就要远远长于正常情况的 1/10 秒。

为什么会出现这种的情况？他自己可能并没有意识到这个动作，只是潜意识里这样做了。事实上是因为他对你感觉厌倦，他觉得与你谈话很无趣。我们在谈话中如果发现对方对自己做出这样的动作，我们就需要提醒自己是否谈话内容实在不能引起他的兴趣。因为这种动作表明他已经不想再跟你继续讨论下去，所以他每次眨眼时眼睛会闭上 1 ~ 2 秒甚至更长的时间，希望你从他的视线中消失。如果你发现你在讲话时，你的听众开始有了拉长眨眼时间的行为，甚至同时伴有哈欠，你就可以结束这次讲话了。

难怪美国哲学家埃默森说："人的眼睛比嘴巴说的话更多，不需要语句，我们就能从彼此的眼睛了解整个世界。"

## 游离的视线暴露内心的不安

在日常生活中我们经常能遇到这样的情形，当你遇到一个眼神闪烁不定、东张西望的人，你会感到他忧心忡忡。甚至你会觉得他心中可能隐藏着某些事，或者是背着你做了对不起你的亏心事。这种担心是有科学根据的，就心理学而言，游离的视线往往会暴露内心的不安，往往是对方不愿意让你看到内心映射的表现。也就是说，隐藏着不想被你知道某些事的可能性非常大。

主持人挑战赛第九场，挑战者正在进行电视演讲。观众们发现2号挑战者的眼神左右游移，这使得他像在东张西望一样。这种动作和表情引起了观众的反感。事后，记者对他进行了采访，他说，太紧张了，心里很不安，眼睛有些不知道往哪看了。

挑战者在演播厅里的举动是因为他内心很紧张、不安，而他又想和观众保持眼神互动交流，所以不停地转换视线，以求和更多人的视线汇合一下。但他的动作由电视信号传递出去，更多的场外电视观众就会认为他的眼神很不规矩，东张西望的神情也令人生厌。

视线的游离往往是人内心活动的反映。在与人交谈的过程中，如果遇到东张西望的人，你该多留意一下他的视线变化，或许你可能从中了解到更为真实的东西。要知道，东张西望所透露出来的内心独白是："外部环境很陌生，我需要认清它并找到安全逃跑路线。"如果你不相信，可以看看动物的反应。很多动物被带到一个陌生的环境中，它们的视线就会上下左右四处扫视。而且动作相当明显，甚至伴有头部转动的动作。而一旦受到惊吓，它们会立刻循着自己刚刚锁定的路线奔逃，一刻也不迟疑。这证明它们在东张西望中就已经安排好了逃跑路线了。人类在新的环境中的环视动作比动物隐蔽得多，但摄像机还是能记录这些不安的眼神。所以，东张西望的神情是人们对于眼前的人或事缺乏安全感的表现。

　　游离的视线在很多时候是内心不安的表现，这里也有一类更为特殊的群体。在医学上，有些人被称为"视线恐惧症"患者，他们在与别人发生视线接触后，往往会立即转移自己的视线。因为他们觉得对方的眼光太过于强烈，从而使自己的眼睛不由自主地东张西望，这会让他们感觉非常不舒服。与此同时，他们的心理也处于一种矛盾的状态之中，一方面，他们想如果与对方进行对视，会不会使对方感到不快。另一方面，又想自己若是进行视线转移，对方会不会看透自己的心理。在这种进退两难的矛盾状态之中，他们越是焦急不安，就会使眼神更加左右游离，强烈不安的心理情绪就越严重。一般来说，此种类型的人，他们之所以会产生"视线恐惧症"，归根结底，是因为他们缺乏自信心。他们往往是通过别人眼中反映出的自己来认识和确认自己的存在与价值。

　　生活中，还有一些其他的视线可以传达不同的信号。例如，瞳孔偏到一旁的目光伴随着压低的眉毛、紧皱的眉头或者下拉的嘴角，那就表示猜疑、敌意或者批判的态度。你在公司会议上发表见解时，如果发现你的老板和同事大多用这样的视线来看你，你就得警醒了。可能是他们对你本身有意见，或者对你的说话内容表示不屑。不管是哪一种，你的主张都没有办法打动别人。而女人们通常喜欢用这种视线表达感兴趣的意思。同时伴有眉毛微微上扬或者面带笑容，那就是很有兴趣的表现，恋爱中的人们经常将之作为求爱的信号。

眼睛这扇天窗时刻都在向外界传播着内心世界的种种信息。当你看到有人不停地左顾右盼，目光游离，那么你就可以断定，他的目光是在告诉大家，"我内心不安"或"心怀不轨"。

## 一条眉毛上扬，表示对方在怀疑

眉毛的主要功用是防止汗水和雨水滴进眼睛里，除此之外，眉毛的一举一动也代表着一定的含义。可以说，人的喜怒哀乐、七情六欲都可从眉毛上表现出来。

毕业论文答辩会上，小吴发现自己在陈述时，一名评分教授一条眉毛一直上扬。这一动作让小吴分外紧张，她开始强烈地怀疑自己的论文水平。答辩结束以后，很多同学都说到了一条眉毛上扬的教授。看来这个教授在听每个人的答辩时都眉毛上扬。

如果这位教授只对小吴做出了这个表情，那么表示他是在怀疑，可能是因为他并不认同小吴的论点。但所有的同学都开始反映这个问题时，眉毛上扬的动作很可能就只是他的一种习惯。两条眉毛一条降低，一条上扬，它传达的信息介于扬眉和低眉之间，半边脸激越、半边脸恐惧。如果你遇到一条眉毛上扬的人，表示他的心情通常处于怀疑的状态，也说明他正在思考问题，扬起的那条眉毛就像是一个问号。

每当我们的心情有所改变时，眉毛的形状也会跟着改变，从而产生许多不同的重要信号。眉飞色舞、眉开眼笑、眉目传情、喜上眉梢等成语都从不同方面表达了眉毛在表情达意、思想交流中的奇妙作用。观察对方眉毛的一举一动在第一次见面时就可以把对方的性格猜个八九不离十，你若是精明人就很容易捕捉以下的细节：

## 1. 低眉

低眉是一个人受到侵犯时的表情，防护性的低眉是为了保护眼睛免受外界的伤害。

在遭遇危险时，光是低眉还不够保护眼睛，还得将眼睛下面的面颊往上挤，以尽最大可能提供保护，这时眼睛仍保持睁开并注意外界动静。这种上下压挤的形式，是面临外界袭击时典型的退避反应，眼睛突然被强光照射时也会有如此的反应。当人们有强烈的情绪反应，如大哭大笑或感到极度恶心时，也会产生这样的反应。

## 2. 眉毛打结

指眉毛同时上扬及相互趋近，和眉毛斜挑一样。这种表情通常代表严重的烦恼和忧郁，有些慢性疼痛的患者也会如此。急性的剧痛产生低眉而面孔扭曲的反应，较和缓的慢性疼痛才产生眉毛打结的现象。

### 3.耸眉

耸眉可见于某些人说话时。人在热烈谈话时，差不多都会重复做一些小动作以强调他所说的话，大多数人讲到要点时，会不断耸起眉毛，那些习惯性的抱怨者絮絮叨叨时就会这样。如果你想通过对方的面部表情了解一些潜在的信息，眉毛就是上佳的选择。

第六章

窥斑见豹：

生活细节说出人的『心里话』

## 习惯性迟到是因为态度傲慢

有些人，总是习惯于迟到。虽然守时是基本的礼貌，但是他们总是习惯性地迟到一会儿，少则几分钟，多也不超过20分钟。其实只要早一点儿从家里或单位出来就可以避免迟到，但是他们就是做不到，而且，每次迟到都要费尽心思地找借口，什么"堵车""忘记东西又回去拿了一趟""表坏了"，等等，然后下一次继续迟到。这种人很容易给别人留下散漫、没有时间观念的印象，难以成为职场上的成功人士。

你身边有这样的人吗？他们平时做事可能态度也不错，也肯定不是每次都迟到，但是和你约好见面时，却总是习惯性地迟到几分钟。如果你的身边有这样的人，那么你要注意了，因为习惯性迟到是因为态度傲慢，表示他看不起你。这是因为在他看来，你是无关紧要的，因为迟到一会儿，给你造成麻烦，也没有关系。所以，他才可以一直迟到。

总是迟到的人，也是不遵守时间的懒散家伙，并且比较自私。他们不考虑对方，只想到自己。不过归根到底，还是态度傲慢，觉得自己居于上位，迟到没有关系。遇到这样的情况，你应该先反省一下，看看自己是否也常迟到。如果有，先改变自己的这个坏习惯。如果没有，就应该根据情况采取措施了。不过，如果对方是你的上司，那你只好忍耐了。但是，如果对方是你的同事，哪怕是资历比你深的前辈，你就要想办法解决这种状态了。因为，如果你一味地迁就他的迟到，只能会被他一直小看。

不过，也有故意迟到的情况，并以此来试探对方对自己的重视程度。比如在恋爱中，经常会有女孩故意迟到，看男朋友是不是等得不耐烦了。一旦发现有焦躁的情绪，就会想："我才迟到10分钟，他就生气了，可见他并不爱我。"

如果你等的人迟到时间超过了20分钟，那就不仅是态度傲慢的问题了。根据一项调查，"等待的人一直不来"的状态持续20分钟后，人就会开始焦躁。所以，迟到20分钟，就是挑战对方忍耐力的极限了。如果你等的人，迟到20分钟，这只能说明他工作秩序混乱，组织性不强。也可以说明，他想借迟到故意抬高自己，向你施压。因为让人等待是一种压低对方身份，从而抬高自己地位的好方法。因此，在碰到这样的人时，应该提起高度的警惕。

也有一些人，习惯于有计划地防备意外发生，也不想急急忙忙地赶过去，所以总会比约定的时间早一些到达。这样的人，守时，对自己要求严格，个性比较体贴，或者不想被人抓住弱点，留下不好的印象。如果提前到达30分钟的人，也并不是好习惯。早到这么久，说明对方的性格比较急躁，沉不住气，总是想早点见到对方。

一个人守时是言而有信、尊重他人的表现，而习惯性迟到，是态度傲慢，不懂得尊重他人的表现。所以，当你碰到这样的人，一定要注意，他迟到背后对你的轻视。

## 一直盯着路灯的人，性子比较急

在生活中，如果我们仔细观察可以发现，同样是过马路，不同的人却有不同的方式，通过他们过马路的方式，可以推测出他们的性格。

有的人眼睛一直盯着路灯，一看见红灯转成绿灯就率先走过，迫不及待先越过马路。这样的人，性子很急，是在生活中总被时间追着跑的人。他们做事的风格通常也是雷厉风行，不会拖拖拉拉，干净利落，而且极有主见。这些人，因为常常是风风火火地行动，所以会给人一种对别的事都不屑一顾的印象。但是，他们也有喜欢照顾别人的一面。而且，拜托他们的事，一般不会拒绝，而且一定会尽量帮忙。不过也有缺点，他们会有点武断，只知道按照自己的想法去做事。

有的人则是不紧不慢地，看见旁边的人开始走后，才跟着一起过马路。这类人通常比较合群，性格随和容易相处。但是他们也强烈倾向于按照自己的步调行动，和别人的交往也有自己的防线，比较冷静。

有的人，很注意自身安全，总会左右确认没有车辆才通过，而且多半是站在人群中间。这样的人很注意自身安全，平时小心谨慎，害怕风险，有时会有些畏缩不前。也有些人，在过马路时，不在意撞上迎面而来的人，反而从中间直线穿过。这样的人，一意孤行，不会想到别人。他们不愿意与人交往，此外，也是不太会替人着想的人。

通过一个简单的过马路，就可以判断一些人的性格，而当有人从你们之间穿过时，通过他闪避的方式，又可以判断他对你的态度。这说明，走路也是有学问的。两个人肩并肩在路上走，大多时候，是互相配合，尽量走得速度和步调一致。但是，在配合的过程中，即使非常小心或者无意识，也会从中看出是谁有点超前，是谁有些许滞后，有谁在故意放慢脚步，有谁是完全不用配合地走路，等等。通过这些细节，也可以看出对方是怎样的人：

如果你和他并肩走着，他不知不觉走到了你的前面，说明他是一个性急而竞争心强的人。因为他会无意识地想要超越你。即使他配合你的步调，也只是说明他具有良好的耐心及自制力，可以压抑自己的本性。如果他走在你的前面，还露出不愉快的表情看着你，说明对你有点反感。

如果和你并肩走着，细心注意配合你走路的人，是对你有好感的人。因为他想采取谦和的态度来讨你的欢心，以引起你的好感。而不自然地与你并肩走着的人，是十分害怕和别人不同的人。因为他对自己没有自信而感到不安，所以特意跟人采取同样的行动。

而有的人在并肩走着的时候，会常常相互撞到。一般情况下，你和对方碰到一次之后，会把距离拉开并且改变步调，以免再次碰到。但是，如果还是会碰到或者撞到，有可能是对方节奏感不佳，或者走路的平衡感不佳。排除这个身体上的因素，且对方在与你产生身体碰触后没有厌恶感，可以判断出他对你有好感。因为这有可能是他有意或者无意地想要接触你。

　　当然，如果并肩走的两个人是情侣的话，对方如果和你慢慢地溜达，是非常喜欢你的行为。因为这样可以与你亲密地走在一起，而慢慢地走，又可以和你在一起的时间长一些。

　　另外，当你和你的朋友，一起走在人行道上。这时，对面有一个行人试图从你们中间穿过，你们会有什么样的反应呢？

　　实际上，这是一个实验。通过使人刻意从在人行道上行走的两个人之间穿过，观察他们的反应，进而判断他们之间的关系。一般情况下，他们采取的行动有：两个人一起移动，让别人通过。或者，两个人左右分开让行人从中间经过。实验的结果是，采取两个人一起移动的，八成以上是男女情侣。也就是说，如果两个人之间的关系亲密的话，会选择两个人一起行动。

　　因此，当你和朋友并肩行走，正面有行人过来的时候，请仔细观察你身边的人会如何闪避。如果他的身体向你这边靠来，表示他对你有好感，想要和你有亲密的关系。如果他离开你，让行人通过，表示他对你并没有好感，对你只是像对待客人般的礼貌关系而已。

总的说来，通过观察一个人过马路的动作，就可以初步读出人们的心理活动以及性格。

## 总往人群里钻的人，内心渴望被关注

有人喜欢清静，看到人多就迷糊；而有人一头钻进人堆里，哪儿人多他往哪儿挤，跟一大群人凑一块儿，吃零食、喝茶水，或者聊天说笑。这时你若看他，一定是小脸通红，显得特别兴奋。对于人烟罕至、冷清的地方，他会借两条腿跑开，能躲多远就躲多远。像这样喜欢一头扎进人堆里的人，往往是那种内心渴望得到别人关注的人。他很孤独，又有点虚荣心，希望自己成为人群中的"明星"人物，希望镁光灯都打到他的身上，希望大家把目光都凝聚在他身上。这样他就能获得一种内心的满足。

喜欢往人群里钻的人，当大家聊天的时候，他的嗓门最洪亮，他总是试图盖过别人的声音，他甚至还会做一些夸张的动作和表情，讲一些夸张的故事。只要能让他在人群中突显出来，他就会感觉很高兴。自然，他最兴奋的是大家都谈论他，都和他有说有笑。反之，如果大家对他的表现反应冷淡的话，他就会很委屈，脸上的兴奋很可能在瞬间就暗淡下去。

在工作中，喜欢往人群里钻的人，他们也喜欢故意制造出一些小噱头来吸引大家的眼球，即使大家都忙于手头的工作根本无暇顾及，他们希望得到别人的关注，这也体现了他们对集体内心的依赖感。他们身在集体中，总是渴望被关注，希望成为这个集体中最闪亮的人物。吸引大家对他的关注，对他来说，就是最大的奖赏，而如果没有人关注他，那他会感觉孤独无望，即使给他多加薪水，他也不一定能高兴起来。

所以，如果你正和朋友说话，忽然钻进来一个人非要问问你们在说些什么，那么这个人很可能是那种内心很渴望被关注的人，如果他没有恶意的话，不妨多听听他说话，以满足他的心理。生活中，还有另外一种人，无论你和朋友在做什么，他都喜欢跟在你们身后，这也是内心渴望被关注的典型，一般来说，他是依赖心理比较重的人。他做事习惯了被领导被安排，喜欢听令行事。他内心渴望被关注，但又与喜欢往人群里钻的人有所不同。他不是想成为人群里的焦点，他只是想有人可以把他的一切都安排好，因为他懒得去打理自己的生活。如果是跟朋友一起出去逛街，他常常是走在最后面的那个。因为他往往不知道下一站该往哪里走，要买什么东西，中午在什么地方吃饭？他喜欢听从他人的意见，"一切您说了算"这就是他的心理写照。

总在人群后边跟随的人依赖心理很强，他们的内心也十分渴望被关注。如果你看不到他们的存在，他们往往会不知所措，"下一步该怎么办"？他们会备感焦虑。这或许与他们的成长环境有关，这类人往往是家里的独生子，或是家里年纪最小的一个孩子，他们习惯了依赖父母或哥哥姐姐，习惯了被人照顾，被人指挥。无论长到多大，他们内心总像个孩子一样，渴望着别人关注，渴望着别人照顾。所谓在家靠父母，在外靠朋友，在公司里依赖同事，就是他们的真实写照。生活中，他们的大小麻烦不断，总是依靠别人的帮忙才行。这种人还十分懒，他们也是十足的懒人，常常会做一些不劳而获的梦，洗衣服、煮饭的家务几乎都不会做，因为从小到大他们几乎没有做过家务。在公司里，除了自己的工作任务，其他人的工作他从不过问，他们的依赖心理和懒散相互作用着，越是犯懒，依赖心理就越强。当有一天身边没人可依靠时，他们甚至会有一种想哭的冲动，觉得毫无办法，他们觉得自己十分孤独和可怜。

所以，无论是往人群里钻的人还是在人群后亦步亦趋的人，都是内心感觉孤寂，渴望被关注的一类人。

## 喜欢在人前打电话的人，较少估计他人感受

电话，已经成为当今社会人们必备的用品。如果说，某个人一天没带手机，桌子上也没有固定电话，那这一天他都将心神不宁地度过。因此，通过每天都与我们的生活息息相关的电话，也可以判断出一个人的性格。

比如，有的人喜欢在人前就掏出手机与其他人通话。这样的人，有时较少顾及别人的感受。不过，如果受到了什么刺激，他会把全部注意力转移过去，搞不好会完全忘记了对方的存在。他并不是自以为是，反而是过于谦虚而认真。但容易遭到对方的误解，对他而言处理人际关系会非常辛苦。

也有一些人，不仅在人前打电话，还很大声。这样的人自我表现力极强，即使没有特别理由也要夸大自己的存在。他们反应迟钝，完全没意识到自己已经侵入别人的心理领域。和他人交谈时只顾讲自己的事，不太喜欢听他人说话。这是因为他们把周围的人都当成"跟自己一样的人"，所以会把不认识的人当作不存在，对于事物也会视而不见，很有可能会毫不在乎地做出一些残酷的事。

还有一些人，总爱在别人面前确认有无来电。对他人做失礼的事，莫过于"心不在焉"，心思神游到别的事情上面去了。此外，这种人觉得在他人面前说话很辛苦，心想着"早点结束对话吧"，还可能会不时拿出手机确认有无来电。如果能改变无法清楚地表达自己想法的弱点，就能变成个性很温和的人了。

另外，从接电话的动作和方式等，也可以看出一个人的性格。

比如，看他们接电话的速度来判断这个人的性格特点。如果电话响起时，有些人即使忙于某件工作，也会放下手上的事接起电话，这种人是遵守规则的人，对于领导的指示与公司的规定都会乖乖听从，有表里一致的性格，对于外界的刺激会很敏锐，如果遇到预料之外的事情就会紧张得不知所措。而有些人电话响了好一阵子，也一副无所谓的样子，所以他们是不慌不忙，总是很悠闲自在，凡事都尽可能按照自己的意思去做的人。就算改换指示或规则，仍是会以自己的标准去做衡量判断，然后再做些改变。他们个性松散，有可能是个麻烦的制造者，而且他们非常不善于与人交际，所以也很不喜欢接电话。还有一些人，除了自己的电话之外，就算是在自己身边的电话响起，他们也绝对不会去接。他们就是抱着"别人是别人，我是我"的这种想法，没有协调性，所以不适合做团队的工作，而且这种人会反抗领导、会破坏规则。

有的人在接电话时边记要点边说。他们会事先准备好便条纸，所以他们是思考很周到的人。他们对于自己的工作有很严谨的规范，会注意到小细节，绝不会敷衍了事，是很善于把工作做好的人。不过，当遇到突发的情况，他们会有点无法适应。有的人是打电话打到一半才开始找便条纸，这样的人，是做到哪想到哪的人，也是做事没有计划，很懂得随机应变的行动派。他们情绪转变很快，会有点草率，给人不够沉着稳重的感觉。

有的人在接到电话后，会边说话边写下无意义的话与图。这是打电话时不用心，不管说什么都无所谓的最佳证据，处在闲得无聊的状态。所以，这样的人是做事不用心的。如果他们在打电话时总是不知道手该放哪里，那是正对某个状况或某个人感到慌张、担心与不安，为了缓解这种压力而做出的反应。还有人喜欢边打电话边用手指敲桌子，这也是同样的情况。这种人也可能会有突然大发雷霆的情况。

还有的人会边打电话边做出某些身体动作。这样的人，做什么事都是比较带感情的。因为他们在说话时都带着感情，因此会无意识地做出一些动作来，这个称之为自己的同调行动。他们的感情通常都是很强烈的，而且他们不会说谎，个性积极又正直。

总之，通过接听电话的动作和方式，以及打电话过程中的动作等，都可以判断这是一个怎样的人。

## 按规定速度开车的人，认真可靠

在开车的过程中，一个人控制汽车的方式和控制自己的方式有许多相似之处。如果把车子视为一个人肢体的延伸，那么开车的方法，就是肢体语言的机械化身。因此，观察一个人开车的行为和方式，可以读懂他每天的心情与态度。

比如，有的人一直按规定速度开车。对这样的人而言，开车不过是带他要去的地方，而不是一种快乐或刺激的经验。他守法，尽自己应尽的义务，绝不少报所得税，通常以平稳、容易把握的速度开车。他做任何事情都是中庸的态度，即使有很大的把握，也不会骤然冒险。这样的人可靠、不马虎，很适合在政府机关上班。

有的人，行车速度比规定速度慢。这样的人，坐在方向盘后面会令他觉得害怕，觉得自己无法操纵一切。他总是避免把东西放在自己手里，只要有人授权给他，他立刻把权限缩至最小。他嫉妒别人不断超越自己，而他胆小怕事的个性也令自己的家人、朋友失望。

有的人超速行驶。这样的人，不会受制于任何人，很积极向上，而且憎恨权势。他不允许别人为自己设限，如果有人企图这么做，他会找出极端而且可能很危险的方法，来维护自己的独立自主。他的父母和老师很有可能都十分严格，而这正是他发泄心中怒气的唯一方法。

有人喜欢大声按喇叭。在现实生活中，这样的人喜欢尖叫、大喊、发脾气；在马路上，他则使劲按喇叭。他对挫折的应变能力很差，经常觉得受到别人的威胁。他通常以一连串的高声谩骂来表达心中的焦虑和不安，发怒的程度完全和刺激自己生气的原因不合。

有的人不喜欢换挡。这样的人希望所有事情都被安排得好好的。他比较喜欢寻找属于自己的生活方式，即使有时候这么做遇到的困难比较多，他也很少向别人请教。没有人告诉他该往何处去，可能常常是他告诉别人该怎么做。这样的人，是实践家、行动主义者，凭直觉行事而且喜欢把事情揽在身上。

有的人会在绿灯亮了以后，才发动车。因为这样很安全、有保障，用不着和别人争吵。这样的人害怕受伤害，不喜欢竞争，谨慎而不会露出锋芒。而有的人绿灯一亮，抢先往前冲。这样的人，凡事比别人抢先一步是他生存的方式。他喜欢胜利的感觉，因为他不愿被烙上失败者的印记。他已经学会积极，有竞争力，才能够成功。只要有一条线，他总是第一个站在线上的人。他不是向前看，而是向后看，看别人离自己还有多远。

　　总之，按规定速度开车的人，是认真而可靠的。通过观察一个人开车的行为和习惯，可以读懂这个人的性格和心理。


## 喜欢在咖啡厅谈话的人，谨小慎微

　　环境可以影响人，不同的人会选择不同的环境。因此，从一个人习惯谈天的场合，可以看出他们的性格。

　　比如，有的人喜欢在咖啡厅或者茶馆里谈话。这样的人一般都比较谨慎，办事很小心，不喜欢露出真面目，也不希望别人看出自己的内心想法。因此，他们会选择在人比较多、没人注意的咖啡厅或茶馆里谈话，这样，会让他们有被掩护的感觉。你如果和这样的人交往，最好让他们先开口，因为他们不喜欢自己的想法被猜到。另外，如果有人选择和你在咖啡厅见面，也说明这个人的个性较为节俭、务实，他不愿意或者是没有能力为了追求美食或者形象而花很多钱。他约你在咖啡厅见面，只是纯粹想和你聊天，而不是想向你展示他的财富或者地位。并且，如果是商人请客户到咖啡厅吃饭，会说明两个人的关系非常好，双方都无须自我炫耀。

喜欢在饭店大厅谈话的人，大都是胆量大、有智慧的人。他们通常有较高的社会地位，也具有领导的能力或渴望。因此，和他们沟通，千万不能用威胁性的语气，否则对方会拒绝和你交谈。

也有人喜欢在俱乐部或者酒家谈话。当你和这样的人打交道时，多称赞他们的做事方式或决策就可以了，他们会很开心地与你有进一步交流。并且，如果对方约你在酒吧谈话，你推出的酒精饮品对他而言是社交的润滑剂。

有人喜欢在户外谈话。他们喜欢在公园、露天餐厅等户外环境谈话，说明他们的心胸较为开阔，也很容易接受新事物，不喜欢固定的模式。这里需要注意的一点是，对方可以选择的空间越大，所透露出的信息越多。比如，你在周末的下午，看到你的两个朋友在公园里打网球，这说明他们肯定喜欢户外运动，愿意花时间和朋友边运动、边聊天。但是，如果其中一个人是在公司举办的野餐会上打网球，你就不能马上得出上面的结论。即使他打得很高兴，你也只能判断出当他不得不接受某项安排时，仍能愉快地接受并乐在其中。

还有人喜欢在办公室里谈事情。这样的谈话通常代表他们有诚意，对工作也很有信心，他们对你是很认真和重视的。所以你和这样的人交往，也应该专业一些，让他们明白你也很用心。

最后应该注意的是，在你单独一次会面即根据你们谈话的场合判断出对方的性格之前，先弄清楚对方在那个地方花了多少时间。比如，一个人在每个星期天都去参加志愿者活动，这说明帮助别人对他来说是很重要的，但并不能表现出乐于助人在他生活中占多大的比例。但是，如果这个人不仅星期天去参加志愿者活动，周五晚上还要去敬老院照顾老人，周六还要带孤儿院的孩子们去公园玩，那么你就可以大胆地判断出，帮助那些需要帮助的人，在他的生活中占有很高的比例。因此，一个人花在这个地方的时间越多，越能反映出他的性格和心理。

总之，从一个习惯在什么场合谈话，以及在这个场合谈话的频率和时间，可以判断出他是一个怎样的人。

## 喜欢坐在门口位置的人心直口快

当你去朋友家做客，或是外出与朋友到餐厅就餐，肯定避免不了选择座位的问题。可能在一些人看来，选择座位是一件非常简单的事，其实从一个人选择座位的位置，可以判断出这个人的性格。

比如，喜欢坐在门口的位置的人，一般来说，性格较为急躁，属于心直口快的那种类型。他们总是想尽快把事情办好，如果事情的发展没有按照自己的计划和速度进行，就会急躁，并心直口快地说出自己的不满和改进的方法。同时，此种人往往具有一副热心肠，喜欢帮助、照顾他人。虽然他们说话好像不经大脑，有时候还会得罪别人，但是他们的内心却是热情和善良的。他们总是乐于帮助那些需要帮助的人，照顾那些弱小的人。对他们来说，很多时候站着可能比端坐在位置上更为舒服，他们会力所能及地做自己职责范围内的事，所以此类人永远也闲不下来。

一个简单地坐在门口的位置，就可以反映出一个人的性格，看似比较神奇，但是，美国心理学家布兰德经过长期研究后证明，一个人如何选择自己的座位，是与其性格紧密相连的。其实，我国古代很多诸侯、将军都非常善于选择自己的座位。比如，他们在参加各种宴会时，往往会选择背向墙壁，且离窗很近的位置。他们为什么要选择这个位置呢，因为此位置面向门口，可以随时监视门口的一举一动，一旦有刺客或是杀手来袭，他们便可以立即采取相关措施，更为重要的是，背向墙壁可以避免有人从后面袭击自己，而选择临窗则可以方便自己在危急的时候破窗而走。同理，现在很多公司，尤其是一些跨国大公司，或是一些公司的 CEO，都喜欢选择高楼大厦的高层或是顶层背向大窗户的位置作为办公的地点，其实也是为了保护自己的商业安全和个人人身安全。这些座位的选择，就反映了这些人小心谨慎的性格特征。

　　由此，通过一个人喜好的位置，我们就可以大致断定他的个性，具体来说，还有几种位置与性格的关系。

　　有的人喜欢墙角处的位置。一般来说，越是喜欢选择靠近墙角里面的人，其性格越为谨慎，也特别敏感，其生活态度也相当认真，凡事处处小心谨慎，因而有时会变得有点神经质。此外，此种人的权力欲望往往也非常强烈。

　　有的人喜欢中央的位置。通常情况下，此种类型的人具有较强的自我表现欲望，喜欢别人注视他，或是围绕着他。因而，与人交谈时他们总喜欢以自我为中心，有时甚至还喜欢强迫别人听自己说话，与此同时，他对别人的事总是漠不关心。一旦有人向他提意见，或是不小心冒犯了他，往往会遭到其猛烈的抨击。

　　有的人喜欢面向墙壁的位置。此种类型的人往往具有孤僻高傲、特立独行的特点。他们不喜欢与人交流，尤其是与不熟悉的人发生任何瓜葛。在此类人心目中，与外界环境接触过多，只会给自己徒增烦恼，因而他们喜欢埋头于自己的世界中，经常忽视外部世界的存在。

　　还有的人喜欢背靠墙壁的位置。此种类型的人，往往非常谨慎，同时也非常大胆，因而称他们胆大心细可能更为合适一些。在做事时，他们喜欢精益求精；与人交往时，他们会显得热情大方，积极主动，因而很受别人的欢迎。

## 掏钱速度快的人，最怕别人看不起

从一个人掏钱的方式和他拿钱的习惯，可以推断出他的性格。因为从一个人掏钱的方式或拿钱的习惯，我们可以推出金钱在他心中的地位，从而判断出他是怎样的人。

比如，有的人掏钱速度很快。不管是吃饭，还是买什么东西，刚吃完或者拿到东西，就立马掏钱付账，这样的人其实最怕被人看不起。他们怕掏钱慢了对方会认为自己没钱，会看不起自己。因此，他们通常会在口袋里放一沓厚厚的钞票，目的是为了显示自己很有钱。他们认为钱是最好的身份象征。为了让别人知道自己有钱，他们有时还会把整沓的钞票拿出来张扬。在整理钱包时，也会把面值大的钞票放在外面，把小额钞票夹在里面。当你和这样的人接触时，应该要注意自己的语言，因为他们比较容易受到刺激。

有的人对钱比较粗心大意，喜欢把钱随处乱塞。如果你到他们家去，会发现到处都是他们随便乱放的零钱或者整钱。他们也很少把钱整整齐齐地放进钱包里，而是胡乱塞在钱包、手提袋、衣服口袋里。这样的人，一般对创作比较感兴趣，他们能够欣赏艺术和大自然的优美，把宇宙视为乐趣的源泉，而不认为金钱最重要。

有的人省吃俭用，用钱时十分谨慎。他们的成长经历通常比较坎坷，所以对没有钱的体会非常深刻。一般情况下，这样的人工作都很努力，因为他们知道只有努力工作才能摆脱贫困。但是，他们虽然知道勤奋工作，却不知道怎样与人相处，而且，由于他们把钱看得太重，也没有什么真心的朋友。

有的人非常喜欢把钱藏起来，因为他们经常担心被小偷光顾。这样的人一般很难相信别人，总是怀疑对方，严重者精神会有点不正常。他们对什么都不确定，买东西也没有明确的目标。有的时候，甚至是因为到处藏钱，最后藏得自己都找不到了。

有的人会对钱斤斤计较。这种人一般分两种情况。第一种情况是，对任何金钱交易都十分小心，不管是零钱还是大钱，在付钱找钱时都会清点得十分仔细。这样的人，一般都有很重的猜忌心理。在他们看来，世界上到处充满欺诈，所有的人都不可信。另一种情况就是，他们可能会因为一块钱和别人争吵得面红耳赤，却肯花几万块去国外旅游。这样的人，没有什么金钱的概念，喜欢享受，比较任性。

有的男性在掏钱的时候要求女方付钱。这样的男人是严重缺乏安全感，他们总是希望别人能够帮助自己。在买东西时，他们也总是挑那些有保修的商品。

通过一个人掏钱和拿钱的方式和习惯，或者这个人摊账的方式，都可以推断出这个人的性格。从一个人对待金钱的态度，最能看出这个人的内心。

## 只在别人看得到的地方花钱，是想买物质以外的东西

活在当今的社会，没有人会不花钱。不过，花钱也有不同的方式与用意。有的人，只喜欢在别人看得到的地方花钱，事实上，这是想买物质以外的东西，也就是赞同。

有一种人，无论干什么，都喜欢要最好的。比如，买昂贵的衣服，住五星级宾馆，坐飞机也要头等舱，吃饭要在高档的餐厅等，挥霍无度。他们不一定有钱，有的只是中等收入，但是他们却可以买昂贵的礼物、穿着名牌、开着最好的车，过着奢侈的生活。这时，你可以问他们一个问题，如果别人没有发现你花钱买的都是最好的、最贵的，你还会继续这样挥霍吗？他们通常会沉默。因为，如果他们悄悄地出钱让自己的父母每年到国外去旅游没人知道；如果他们有收藏昂贵物品的嗜好没人知道，他们每周都要参加昂贵的私人活动也没人知道，他们一定会倍感失落。因此，他们在那些别人看得到的地方花钱，只是想让所有人都知道自己有钱，都赞同自己的财富或者品位，这样会让他们感到骄傲和充实。

我们经常会遇到这样的情况。比如在咖啡厅，一名男子会骄傲地说："这次我请客。"有的时候，他怕和自己在一起的女士没有听到他慷慨的表示，还会再次诚恳地说道："这次我请客。"我们可能会想，不就是一杯卡布奇诺吗，值得这样大惊小怪？其

实，他之所以这样小题大做，只是想得到你的赞同。因此，他如果不满意你当时的表现，就会继续提醒你，他是多么慷慨，多么伟大和富有，然后，期待得到你的肯定和赞赏。

与之相反，有的人却非常节俭，而这些节俭的人和挥霍的人有时却有相同的心理。比如，美国的乔艾琳·狄米曲斯曾讲述过她曾经处理过的一个遗产纠纷案：刚刚过世的是一位一只眼睛失明的老妇人，在一栋房子里住了25年，生活简单朴实。她深居简出，买的东西都是最廉价的。她的丈夫在20年前就过世了，她一个人管理着几间公寓。人们都认为那是她的兴趣而不是职业，但是，她留下的遗产至少有3300万美元！

是什么样的性格能让人有这么极端的表现？一方面是没有积蓄的奢侈，一方面是自我牺牲般的节俭。其实，他们都是因为自卑。极度奢侈和极度节俭，都是自尊心太低的缘故。奢侈的人，想让别人看得起自己，不想被别人看低，所以他尽可能地买昂贵的物品，在别人看得到的地方花钱，只怕别人不知道自己有钱。他认为钱可以买来的不只是物品，还有自信和尊重。同样，过度节俭的人，认为自己很卑下，不值得把钱花在自己的身上。

因此，我们可以看出，只在别人看得到的地方花钱，是想买物质以外的东西，即赞同和尊重。而无论是过度奢侈的人还是过度节俭的人，都有自卑的表现。

第七章

拆穿谎言：
不做那个被欺骗的人

## 谎话大王的四张面孔

虽说人人都会说谎，没有一个人敢声称自己是绝对清白的，但人们说谎的频率确实有所差别，的确有那么一些人，是可信度极低的谎话大王，对于他们所说的话一定要秉着"批判主义的精神"，当然，你也可以把他们当作你练习识破谎言技巧的最佳教材。

心理学家为我们总结出了最爱说谎的 4 种人：

### 1. 虚荣心重的人

生活中的很多谎言都是因为面子问题而产生的，虚荣心重的人最看重面子，这类人十分在乎他人对自己的评价，喜欢受到关注和赞美，不愿意别人看低自己，因为他们太注重外在的东西，而对个人的素质与气质疏于培养，但又渴望得到别人的喝彩，于是，他们凭内在的实力无法达到这种目的时，撒谎便成了他们使用的最便利的手段。这类人常常在不熟悉的朋友面前编造一些美好的谎言。例如自己的家庭背景有多好，身上戴的首饰值多少钱，甚至自己是哪所名牌大学毕业的。当然，这些谎言仅仅是为了满足个人的虚荣心，如果你识破了也大可不必揭穿它。

## 2. 自卑感强的人

严重自卑的人通常敏感而脆弱，既能敏锐地感受到自己许多不如别人的地方，同时，又极容易把周围一切人对自己的注意——哪怕是关心和帮助——看成是对自己的怜悯。因此他们需要一些谎言来安慰自己，或者是借助谎言来逃避，在别人面前树立完美的形象，以谎言为武器来调整自己在他人心目中的位置和形象，用谎言来安慰、麻痹自己，在幻想中获得满足感和认同感。

## 3. 过分争强好胜的人

争强好胜在一定程度上说是一种有益的品质，说明一个人积极进取、不甘落于人后，这样的人也更容易在事业上有较大的成就和作为。但任何事情都有个限度，超过这个限度便走向它的反面。要强也是如此，事事要强，时时要强，总想高出别人一头，这作为一种理想是很不错的，但如果把它落实在生活中，则太困难了。过分好强的人活得很累，他们事事都想出类拔萃，对自己要求很高。一旦失败或者遭遇挫折，往往没有勇气面对，只能用谎言编织理由为自己寻找退路，维护面子和自尊，虚构成功的情景、蒙骗他人或欺骗自己，便常常成为他们的拿手好戏。

## 4. 过分以自我为中心的人

趋利避害是人的本性，我们每个人在思考问题、处理事情时，都不免会以自我为中心，首先考虑保全自己的利益。但这种以自我为中心的心理应有个限度。如果没有损害他人的生活，大家自可相安无事。但如果一个人以自我为中心的心理严重到过分的地步，在与他人发生利益冲突的时候，或在任何时候都只考虑自己的利益，损人利己的谎言也就随之而来。

## 身体语言如何泄露谎言

可能很多人都会认为说谎是一件很容易的事，其实并不是这样。说谎，尤其是想成功地说一次谎，是一件非常困难的事。为什么说谎就这么困难呢？主要原因在于当一个人撒谎时，他的潜意识不会听从他的"指挥"，而会独自行动。如此一来，他的身体语言就会使他的谎言不攻自破。这就是为什么那些平常很少说谎的人，一旦说谎，无论其谎言多么完美，显得多么真实可信，都会很容易被对方识破。因为从他开始说谎的那一刻起，他的身体就会发出一些自相矛盾的信号（身体语言和有声语言处于相互矛盾的状态之中），这就会让对方觉得他一定在撒谎。而那些职业说谎家，比如某些骗子，他们之所以说谎时不容易被别人识破，关键就在于他们能够有意识地将自己的身体语言和有声语言协调到较为完美的境界。因此，当他们向人撒谎时，人们往往会深信不疑。

　　看到这儿，有些读者可能会好奇地问，那些职业骗子是如何让自己的身体语言和有声语言达到较为完美境界的？一般来说，他们常用以下两种方法来实现这一目的。其一，平日反复练习说谎的时候做出正确的身体姿势，长时间反复练习是必不可少的，一般为 2~3 年。其二，尽可能地减少身体语言，尤其是自己潜意识不能控制的身体语言，这样，他们在说谎的时候，就会很少做出一些负面动作了。不过，要想做到这一点，往往是非常困难的。下面的这个实验也证明了这一点。实验中，心理学家让参加实验的人故意向他撒谎，并让他们尽量压抑一切身体姿势，不管是正面的，抑或是负面的。然而，那些故意撒谎的人虽然控制住了主要身体语言，但仍有不少的细微动作表现了出来。比如，瞳孔缩小、用手触摸鼻子、拽衣领、脸色潮红、鼻子出汗，以及其他一些细微动作，而这些细微的动作已经暴露了一个人在撒谎。

　　由此可见，要想成功地欺骗他人，最好的办法就是将自己的身体隐藏起来，让别人只能"闻其声，而不能见其人"。也正是这个原因，审问嫌疑犯时，审讯人员往往会将嫌疑犯置于一个空旷屋子的中间，或是置于较为强烈的灯光之下，以便让他们的全身都暴露在自己的视线之中。这种情况下，嫌疑犯任何一个细微动作都逃不过审讯人员的眼睛，如果他们一旦说谎，就会非常容易地被揭穿。

　　一般来说，当你坐在桌子的后面，并借用桌子部分抵挡住自己的身体，或是从关着的门后面露出脑袋对人撒谎就较为容易成功了。当然，辅助撒谎的最好工具还是电话，或者是 QQ 等聊天工具。

## 避免眼神接触，因为害怕被人看穿

大多数人在说谎时心中难免会有愧疚之感，以及担心谎言被揭穿的恐惧，愧疚和恐惧都会从他们的眼睛里流露出来，比如回避目光交流，或是低头不看对方，或是明显地把头偏向一侧，这些都可以说明这个人不坦诚。说谎时如果与别人对视，心里会更加紧张，然后就反映在眼睛里，因此说谎者本能地转移视线，以消除紧张感。

避免眼神接触或很少直视对方是典型的欺骗征兆。人在潜意识里觉得别人会从他的眼睛里看穿他的心思，因此，很多人会尽量避免和对方眼神接触，因为心虚所以不愿意面对你，眼神闪烁、飘忽不定，或者不停地眨眼。影视剧中经常可以看到这样的片段，一个人怀疑别人在对他撒谎，于是对那个人说："看着我的眼睛，告诉我，到底是怎么回事。"而对方却把头低下或者撇开，不敢直视对方。的确，眼睛很容易泄露谎言，持续长久和躲躲闪闪的目光接触都是对方在说谎的重要标志。

揉眼睛则是另一种避免眼神接触的方式。当一个小孩不想看到某些人或某些事情的时候，他可能会用一只或两只手来揉自己的眼睛。成人也一样，当他们看到某些不愉快的东西时，也可能会用手揉自己的眼睛。揉眼睛这个动作是大脑不想让眼睛看到欺骗、疑惑或是其他不好的东西，或者是不想让自己在说谎时与别人发生眼神接触，以免自己因心虚而露馅。一般来说，当一个男性撒谎时，他可能会用力揉自己的眼睛。如果撒谎撒得较大，他会转移视线，通常是将眼睛朝下；当一个女性撒谎时，他不会像男性那样用力揉自己的眼睛，相反，她仅会轻柔几下眼部下方，同时将头上仰，以免和对方发生眼神接触。

　　频繁眨眼也是说谎的标志之一。科学家通过暗中观察记录，发现人们在正常而放松的状态下，眼睛每分钟会眨 6 ~ 8 次。而这种间隔在非正常状况下被打破。所谓非正常状态就是说你的内心情绪有较大起伏，比如因为说谎而紧张，这个时候眨眼睛的频率就很可能会显著提升。撒谎的人内心无法平静，承受着担心谎言被识破的巨大压力。在这种压力下，说谎者或许可以控制自己的口头表达，但却很难控制身体语言，于是眼睛因为巨大的紧张感而不停地收缩。

　　当一个人心理压力忽然增大时，他眨眼的频率就会增加。比如，正常条件下（职业骗子除外），当一个人撒谎时，由于害怕自己的谎言被对方揭穿，他在说完谎话后，其心理压力会骤然增大，相应地他眨眼的频率会增加，最高可达每分钟 15 次。所以，你在和某个人谈话时，如果你发现他总是不断地眨眼睛，说话也变得结结巴巴，你就得留心他所说话内容的真实性了。

此外，英国动物学家戴斯蒙德·莫里斯在观察警察审讯的过程中发现，当人们说谎或努力掩饰某种情感时，他们眨眼时眼睛闭上的时间会比说真话时更长，这是另一种避免眼神接触的方式，说谎者在无意识中通过延长眨眼时间给自己关上"一道门"，从而减轻内心因说谎而产生的愧疚感。


## 对方直视你的眼睛，也未必在说真话

人们往往相信，当一个人说谎时，他会因为心虚而不敢正视对方的眼睛，而是将自己的视线移向一边。那么我们是否可以就此认定，当一个人和另一个人谈话时只要他敢于直视对方的眼睛，他就一定没有对对方撒谎呢？先不着急回答这个问题，一起来看下面这个实验。

实验中，心理学家把参加实验的人员分为甲、乙两组，并让甲组的人对乙组的人撒谎，同时，心理学家还要求甲组中85%的人在撒谎时一定要看着对方的眼睛。随后，心理学家把甲、乙两组人员的撒谎过程进行了录像。录像完毕后，心理学家来到一家电视台做了一期"你能识别哪些人在撒谎"的谈话节目。让台下观众看完录像节目后，心理学家便开始让他们来识别哪些人在撒谎，并让他们说明各自的理由。

结果发现，很多观众都中了心理学家的"圈套"。在那些撒谎时注视对方眼睛的"骗子"中，有95%的人没有被观众识破，他们认为那些"骗子"在实话实说。因为"骗子"们在说话时敢于注视对方的眼神。而在那些事先没有被心理学家叮嘱过在撒谎时要注视对方眼神的"骗子"中，有80%的人都被观众识破了。可见，"注视对方的眼睛"正是说谎者用来伪装的有力道具之一。

由此，我们也就可以回答刚才提出的问题了。长久以来，变幻莫测的眼神、频繁地眨眼、不敢对视，都被认为是说谎的信号。这些看法都有道理，但是由于大多数人都这么想，所以很多人在说谎时就利用了这种心理，故意盯着对方的眼睛，显得那么从容不迫、游刃有余，以此表明自己没有撒谎。视线的转移确实会显露出一个人的情感状态。例如，悲伤时，我们的眼睛会向下看；羞愧时，我们会低下头。如果不同意对方的观点，则会直接把视线从对方身上移开。但说谎的人绝不会这么做，因为他们害怕被你看穿。

一整天，小洁男朋友的手机都处于关机状态，小洁很着急。第二天见面时，小洁装作很随意地问男朋友，昨天是怎么了，一整天都关机。男朋友为了掩盖自己的紧张，认真地看着小洁说："哦，昨天手机没电了就自动关机了，我还不知道呢，晚上想给你打电话才发现的。"男友说话时一直看着小洁的眼睛，一副坦诚认真的样子，可小洁还是觉察到了异样。

说谎者的骗术固然高明，但也不是完全没有破绽，因为这种可以的"盯"和自然的凝视眼神是不同的。仔细观察就会发现，这种凝视很不自然。所以，即使对方直视你的眼睛，也未必在说真话。

## 假表情总是慢半拍、持续时间长

人的面部表情可以说实话也可以说谎话，而且常常是在同一时间内既说实话又说谎话。在现实生活中，人们时常利用面部表情来作为掩饰和伪装其真实思想感情的"面具"。例如，因违章而受到交警训斥的司机为了避免把事情搞得更糟，往往故作笑脸，表现得服服帖帖；一对正在家中赌气的夫妻，一旦有贵客来访，便会装出没事的样子，笑脸相迎。当人们撒谎时，也会制造虚假的表情来掩盖真相，为了识别谎言，我们必须学会如何识别虚假表情。

虚假表情包括两种，伪装的表情和克制的表情。伪装，即假装出一种与自己真情实感相反的情感。例如小学生假装肚子疼请假回家时脸上装出的表情。克制，即为了不让别人发现我们真实的情感，努力控制自己的脸部肌肉，故作镇定。善于撒谎的人往往会小心翼翼，不让他们真实的情感以这种方式偷偷显露出来。无论是伪装还是克制，虚假表情的表现方式毕竟与自然流露的表情有所不同，最重要的区别即虚假表情总是慢半拍，而且持续时间长。情绪出现的时间快慢是很难人为控制的，由于刻意制造的假情绪不是自然发生的，因此它出现的时间总是会稍微延后，持续时间也会比真实的表情要久，然后就"突然"消失了。

### 1. 假表情总是慢半拍

反映内心真实感受的表情被称为"最初的反应表情"，会在情感产生的一秒钟之内立刻流露出来，之后才能进行人为的掩饰或伪装。因此，如果对方话还没说出口，或者刚开始说话时看起来就很生气，那么他可能确实被激怒了。相反，如果他说完之后才开始表现出很生气的样子，撇着嘴、瞪大了眼睛，这就是刻意加上的表情，并非出于内心的真实情感，对方只是想表现出很生气的样子。

### 2. 假表情持续时间长

表情持续的时间长短也可反映出说谎的印迹。停顿时间长的表情通常是假的，比如 10 秒钟或 10 秒钟以上的时间，甚至停顿 5 秒钟的表情也可能是不真实的。除了那种极其强烈的情绪感受，比如欣喜若狂、勃然大怒、悲恸欲绝等，自然的表情都不会超过

4～5秒钟。而且，即使是非常激动的情绪，其表情也不可能持续太久，而是一阵阵地短暂地出现。只有象征性表情和嘲弄式表情是长时间存在的。例如，真正的惊讶表情从形成到消失不到1秒钟，如果有人对你说的话展现出长达3秒的惊讶表情，他多半是在故意假装自己不知道这件事。

面部表情是说谎者最容易作伪的部位，这给判断一个人是否在撒谎带来了麻烦。好消息是，面部表情中总有一部分是人为无法控制的情不自禁流露出来的，因此，我们可以通过识别对方脸上掩饰不住的真实表情来揭穿谎言。面颊肤色变化就是典型的紧张征兆。面颊的颜色会随着情绪的变化而发生相应的变化。面颊肤色的变化是由自主神经系统造成的，是难以人为控制或掩饰的。最明显的是变红和变白。人们最常见的面颊变红经常出现在害羞、羞愧和尴尬等情形中，脸红也是愤怒的表现，愤怒时，面颊瞬时转为通红而不是由面颊中心慢慢扩散开来。当愤怒中的人们想极力抑制自己的怒气和克制自己的攻击性冲动时，其面颊肤色会变得苍白，当人们处于惊骇的情绪状态下，面颊肤色也会变得苍白。可见，由面颊肤色的变化我们可以观察到对方真实的情感。类似的线索还有很多，只要在生活中留心观察，定能有所收获。

## 突然放大的瞳孔揭示隐藏的情感

人类瞳孔的变化是不由人的主观意志控制的，完全是下意识的反应，因此可以真实地反映人的情绪变化。前面已经提到，人的瞳孔会随着情绪的变化而相应地放大或缩小。无论说谎者的演技多么高超，他也无法掩盖这一点。瞳孔的这种变化是人无法控制的，因此只要我们留意观察对方的瞳孔，就能断定他是否在说谎。

当我们对眼前的事物或者谈话内容感兴趣的时候，瞳孔就会放大。如果一个人的瞳孔变化和他试图表现出来的情绪不相符，就可以怀疑他所说的真实性。警察在询问嫌疑人时经常会用到这个方法。例如，警察想要知道嫌疑人和另一名疑犯是否相互认识，会把许多张照片一张一张地给嫌疑人看，其中只有一个是目标人物，嫌疑犯看到目标人物的照片时，瞳孔会突然放大然后恢复，警察如果能够观察到这个细节，基本上就可以下结论了。

关于瞳孔与谎言的关系，俄国有一个故事。

一个叫卡莫的俄国人在外国被警察抓获，沙皇政府要求引渡他。卡莫知道，一旦他回到俄国，无疑将面临死刑。于是他装成疯子，企图以此逃过惩罚。他的演技骗过了一位又一位经验丰富的医生，最后他被送到德国一个著名的医生那里进行鉴定。这位医生把一根烧红的金属棒放在他的手臂上，为了逃避惩罚，卡莫忍受着巨大的疼痛，没有喊叫，也没有露出任何痛苦的表情，但是他的瞳孔因为痛苦和恐惧而放大了。聪明的医生看到了这一点，完全明白了他不是丧失了知觉的疯子，而是一个正常人。

可见，演技再高超的骗子也无法控制自己瞳孔的大小变化。故事中的医生正是利用瞳孔与恐惧情绪之间的联系发现了这个俄国人的破绽。反过来，人们也可以利用瞳孔变化与兴奋情绪之间的联系来识破谎言。

第二次世界大战期间，盟军反间谍机关抓到一个可疑的人物，此人自称是来自比利时北部的流浪汉。这位流浪汉的言谈举止十分可疑，眼神中露出一种机警、狡黠，不像普通的农民那么朴实、憨厚。法国反间谍军官吉姆斯负责审讯此人，吉姆斯怀疑他是德国间谍。

第一天，吉姆斯问这位流浪汉："你会数数吗？"流浪汉点点头，开始用法语数数，他数得很熟练，没有露出一丝破绽，甚至在德国人最容易露馅的地方也没有出错，于是，他过了第一关。

吉姆斯设计了第二招，让哨兵用德语大声喊："着火了！"然而流浪汉似乎完全听不懂德语，一动不动地坐在椅子上，脸上也没有任何表情。吉姆斯心想，这个间谍果然不简单。

吉姆斯冥思苦想，想出了一个特别的办法。第二天，士兵将流浪汉押进审讯室，他依然是一副无辜的样子，十分冷静。吉姆斯看见他进来，假装非常认真地阅读完一份文件，并在上面签字之后，故意用德语说："好了，我知道了，你的确就是一个普通的农民，你可以走了。"

　　流浪汉一听到这话，误以为他骗过了吉姆斯，不自觉地卸下了防备，于是抬起头深深地呼吸，瞳孔突然放大，眼睛里闪过一丝兴奋。吉姆斯从这短暂的表情中看出了端倪，看来这位流浪汉确实会讲德语，而且之前一直是在伪装。吉姆斯抓住这个细节，对流浪汉进一步审讯，终于揭穿了他的谎言。

　　总之，瞳孔放大必然和恐惧、兴奋等情绪有联系，即使对方的身体一动不动、一言不发，仅从瞳孔的变化也可以发现他企图掩藏的情绪，从而揭开谎言。

## 动作和语言不一致，嘴上说的不能信

　　人类大脑的边缘系统是非常诚实的，由边缘系统掌控的肢体行为会如实地反映我们的想法，这些动作是我们的主观意识无法控制的下意识的动作。我们之所以可以通过身体语言来识别谎言，原因就在于说谎行为本身的复杂性。看似漫不经心的一句谎言，想要做到滴水不漏不被人怀疑，其实是一件需要动员全身器官共同参与的庞大工程。因此，无论一个人的口才多么好、说谎技术如何高明，他的肢体都会"出卖"他。

　　人们在说话时，实际上同时在意识和无意识两种层面上进行交流，说谎者把精力集中在编造谎言、如何应答上面，因而很难控制自己的身体语言。由于人们在交流中同时传递这两种信息，因此说谎能否成功关键就在于对意识和无意识两种信息表达的控制。讲真话的人，意识表达和无意识表达总会保持一致，而一旦语言和动作之间出现不一致，我们就有理由表示怀疑。在这种情况下，我们难以控制的无意识信号，即动作和姿势，往往才是真情实感的表达，也就是说，当动作和语言自相矛盾时，所说的话就很有可能是假的。

生活中经常可以见到这样的例子，例如，抱怨感冒头疼向领导请假，却以轻快的步伐走下楼梯；嘴上明明说"不是"，同时却在点头；再如嘴上正在说好话，两个拳头却紧紧地握在一起，那分明就是讨厌你的表现。

动作和语言不一致还有另一种情况，就是时间点不对，这和假装的表情是一个道理。例如一个人在假装生气地说话之后，会故意用拳头捶桌子或者挥舞手臂作为强调，以此来让自己看起来真的很生气。这种事后追加的动作都是刻意为之，并非发自内心。

因此，我们听别人说话时，要同时注意他的肢体语言，拿肢体语言、表情和说话内容作比较，才能看出一个人的真实情绪和动机，除非动作、声音和说话内容彼此符合，否则就一定有所掩饰，那就需要我们仔细观察去找出线索。一旦认清了一个人的习惯做法，也就很容易推测他的其他行为。

## 不时用手接触口鼻，是企图隐藏真相

频繁用手触摸自己的鼻头或者手指不时轻触嘴唇，是最常见的说谎动作。一旦他的手离口鼻很近，基本上都有说谎的嫌疑。如果他在说话时用手捂住嘴巴，那就表示连他自己都不相信自己说的是实话。这些手部动作起着遮掩的作用，是说谎者在潜意识里企图隐藏真相。

美国前总统尼克松被迫下台之前，议会对"水门事件"展开了调查，当时他正在国会接受审问，在审问期间，人们惊奇地发现，他经常会出现一种非常明显的惯性动作——老是不断地用手触摸自己的脸颊及下巴。

在谈话过程中，时而双手掩面或摸脸，就好像在说："我不想听你说这些，我不想再谈论这个话题了。"正是因为心中常有不为人知的隐情，感到非常焦虑，从而不停地用手接触脸部。用手捂嘴和触摸鼻子是两种典型的说谎标志。

### 1. 用手捂嘴

这是一种明显未成熟、略带孩子气的动作，很多小孩尤其喜欢使用此种姿势，当然，一些成年人偶尔也会使用此种姿势。一般来说，使用此种姿势的人会在自己说完谎话后，迅速用手捂住嘴，同时用拇指顶住下巴，让大脑命令嘴不要再说谎话。有些时候，某些人在做这一姿势时，仅会用几根手指捂住嘴，或是将手握成拳头状，放在嘴上，但其蕴含的基本意义是不变的。还有一些人则会借咳嗽的动作来掩饰其捂嘴的动作，以分散别人对自己的注意力。

## 2. 触摸鼻子

触摸鼻子是用手捂嘴这一姿势的"变异"，相比于用手捂嘴，它更具隐匿性。有些时候，它可能是在鼻子下面轻轻地抚摸几下，也可能是很快，几乎不易察觉地触摸鼻子一下。一般来说，女性在完成这一动作时，其动作幅度要比男性轻柔、谨慎得多，这可能是为了避免弄花她们的妆容吧。关于触摸鼻子的原因，有这样两种较为流行的说法，其一，当负面或不好的思想进入人的大脑后，大脑就会下意识地指示手赶紧去遮住嘴，但是，在最后一刻，又怕这一动作太过于明显，因此手迅速离开脸部，去轻轻触摸一下鼻子。其二，当一个人说谎的时候，其身体会释放出一种叫作"儿茶酚胺"的化学物质，这种物质会使说谎者鼻子的内部组织发生膨胀。与此同时，一个人撒谎的时候，其心理压力会陡然增大，血压也会迅速升高，这样鼻子就会随着血压的上升而增大，这就是所谓的"匹诺曹的大鼻子效应"。血压的上升使得鼻子开始膨胀，鼻子的神经末梢就会感到轻微的刺痛。不由自主地，说谎者就会用手快速地触摸鼻子，为鼻子"止痒"。此外，当一个人感到紧张、焦虑，或是生气的时候，这种情况也会发生。

看到这里，可能有读者朋友会问，现实生活中的确存在鼻子真正发痒的情况啊，那该如何去区别两者呢？很简单，当一个人鼻子真正发痒时，他通常会用手揉鼻子或是用手挠来止痒，这和说谎是用手轻轻、快速地触摸一下鼻子是不同的。同用手捂嘴的动作一样，说话的人可以用触摸鼻子来掩饰他的谎言，听话者也可以用触摸鼻子来表示对说话者的怀疑。

需要注意的是，不时地用手接触口鼻虽然是一个人说谎时最可能用到的动作，但这绝不意味着只要一个人做出了这些动作，我们就可以立即断定他一定在撒谎。比如，某人说话时，之所以会捂住自己的嘴，是因为他有口臭，如果我们据此就认为他在撒谎，肯定会伤害到对方的。再如，当一个人陷入沉思而做出以上的动作，通常只是表示他完全沉浸在自己的思考当中。

## 不安的双脚泄露紧张情绪

英国的一名心理学家通过实验发现了一个有趣现象：人体中离大脑越远的部位，越有可能反映一个人内心的真实感情。脸离大脑最近，因此人们常常伪装出各种表情来撒谎，可信度最低；手位于人体的中间偏下部位，可信度中等，一个人会或多或少地利用手势来撒谎；而腿和脚离大脑最远，相对于人体其他部位，它的可信度最高，一个人脚上的动作往往会泄露其内心的真实情感，当你怀疑一个人在说谎，但却看不出什么破绽时，不妨多加注意他的腿和脚的动作。

在某次会议上，总经理要求各部门经理汇报近半年以来的工作情况。很快，就轮到陈经理发言了。他整理了一下自己的衣领以后，便面带微笑地开始总结自己部门的工作情况。在他发言的过程中，总经理觉得陈经理今天有点不对劲，虽然他面带微笑，但嘴角总会偶尔歪斜一下，拿文件的手也在微微地颤抖着，更为奇怪的是，他的双脚在那不停地滑来滑去。稍微想了一下，总经理顿时明白了其中的原因。会议结束后，总经理让陈经理留了下来，说有事要单独和他谈谈。待陈经理坐下后，总经理单刀直入地问道："你为什么要在总结工作时撒谎？"一听这话，陈经理顿时满脸通红，连忙向总经理道歉，并请求其原谅自己。

为什么总经理知道那位陈经理在撒谎呢？很简单，因为陈经理在说谎的时候，尽管他做出了一些虚假表情，如面带微笑，并且努力控制自己的手部动作（其实还是没有完全控制住，仍旧在微微颤抖），但是他没有意识到在自己的发言中嘴角出现了歪斜，更为重要的是，他没有意识到自己下半身的动作增多了，如双脚在那"滑来滑去"，这些恰恰是一个人说谎时的动作。而他的这一切，正被总经理尽收眼底。这也是为什么很多企业的总裁总是喜欢坐在不透明的办公桌后面，让桌子遮住自己的下半身，他们才感到舒适自在。因为一个人在撒谎时，他虽然可以控制上半身的动作、表情，但却无法有效控制下半身，尤其是腿和脚部的一些动作。

因此，当我们看到一个人双脚处于一种不安的状态，不停抖动或者移来移去，说明这个人的情绪也处于一种比较紧张的状态，或者在撒谎，或者内心处于一种不安定的状态。

## 把头撇开是因为想要逃避话题

我们已经知道，人们说谎时，会下意识地避免与对方对视，例如低着头或者移开视线。如果此时说谎者内心十分紧张不安，他就会做出进一步的防卫动作，例如把头撇开，就好像在说："别再问了，我不想谈这个话题。"

把头撇开是人们说谎时的一种典型的防卫动作。如果仔细观察正在谈话的两个人就会发现，如果一个人对话题感到轻松自在有兴趣，会不自觉地把头靠向对方，仿佛希望进行更深入的交流。反过来，如果一个人身体后侧，把头撇开不看对方，说明正在谈论的事情令他感到不安，想要停止谈话。清白诚实的人面对别人的责问时，会积极地展开攻势，他之所以激动是因为不想被人冤枉。而心虚的人则会因为不安而做出防卫性的姿势和动作。

例如，乔安娜和约翰为一件事情大吵了起来，乔安娜认定约翰做了什么，如果约翰把头撇开，却不作辩解，那么看来确实有什么事情发生了。相反，如果约翰十分激动地立刻辩解澄清自己，他很有可能就是无辜的。

把头撇开已经显露出内心的紧张和不安，如果说谎者面对提问极度不安，就会想要逃避，但他不会拔腿就跑，而是寻求空间的庇护。就好像我们受到威胁时想要躲避逃走一样，人们在说谎时，心理上处于劣势，担心谎言被识破，会不自觉地移开身体，他绝对不会主动靠前，而是退后或者转身，以此躲避直面指控的威胁。例如，把身体转向门口的方向、背靠墙壁，而不是坐在屋子中间，因为这样他看不见背后发生的情况会更加不安。另一种方式是直接寻找"盾牌"来保护自己。例如紧紧地抱着一个抱枕、书包挡在自己的胸前，或者把酒杯放在身前，这些都是在两人之间制造一种障碍物，好像士兵举着盾牌来保护自己免受伤害，说谎的人利用这些物体挡在两人之间，免受言辞的威胁。

换句话说，人们交谈时，身体姿势和动作的开放程度和他的可信度成正比。一个人的姿势动作越舒适自在，就越说明心中坦荡无欺，因为他知道自己是清白的，所以没必要紧张不安。而对方如果不敢看你、不敢正面对着你、不敢接近你，那就是说谎的征兆。

第八章

闻言听音：
话里话外隐藏真性情

## 常发牢骚的人，往往苛求完美

倘若你想了解一个人的个性，最直接的方式莫过于让他自己说出个性究竟怎样。可惜的是，人有时也未必真正了解自己，但是你却可以从其谈话的习惯来判断他。每个人都有其特定的谈话习惯，有的人谈吐幽默，妙语连珠；有的人却颠三倒四，废话连篇；有的人牢骚满腹，抱怨不断；等等，总之，谈话习惯不同，反映出的性格也不同。

一天，某酒吧来了一位妆容精细的女士。只见她迈着优雅的步子，径直走到有落地窗的位置。这时，服务生走过来说："对不起，小姐，这个位置有人预订了！您看，是不是可以换到另外一个位置！""什么？你要我换位置？你是怎么做事的？我就是喜欢你家这个位置才来的，每次我都坐在这儿的，还有今天这桌布怎么换颜色了？花的位置摆放得也不对……你们经理呢？给我叫来！"经理被叫来了，这位优雅的女士一直不断地对他发牢骚，足有半个多小时。经理不住地道歉，按照女士的意思更换了桌布，重新摆放了鲜花的位置。

从例子可以看出，这位优雅的女士十分苛求完美，小到桌布、鲜花、一个就餐的位置都要斤斤计较，牢骚不断。并且她在说话的时候，完全不顾及他人的感受，这充分体现了她比较苛刻，缺乏宽容别人的气度。事实也是如此，如果交流对象总是不停地对你抱怨，发牢骚的时间大于谈正事的时间，你就要小心了。因为你遇到的人十分追求完美，你如果和他们共事，他们对你的要求将会相当严格，简直可以用苛刻来形容。但是对自己，他们却相当放松。"高标准，严要求。"这是他们给你提出的。你想让他们用在自己身上？想让他们设身处地地为你想想？还是别做梦了。如果有一天他们想改变自己的处境，也只是随便想想。他们更习惯安于现状，坐享其成，而不付诸于实际行动。一遇到挫折和困难，就逃避退缩，把原因都归结到外界的因素上。

有人曾说："人有两种表情，一种是脸上所显现的表情，另一种是从说话习惯传递给对方的信息。"所以语言是人类的第二种表情，我们是可以从一个人说话的习惯上看出一个人的性格的。生活中，你还可以看到另外一种人，他们说话拖泥带水、废话连篇。但和爱发牢骚的人不同，他们不敢大声地表达自己的不满，他们大多比较软弱，责任心不强，遇事易推脱逃避，胆子比较小，心胸也不够开阔，唠唠叨叨，整天在一些鸡毛蒜皮的小事上纠缠不清。虽然对现实的状况有许多不满，但缺乏开拓进取精神，并不会寻求改变，只是在等待，容易嫉妒他人。

所以，人类的语言不光能把想表达的意思传达给对方，透过不同人的说话习惯，我们还可以分析出他们的性格特点，可以说，每个人的语言习惯都是在日常生活当中不知不觉形成的，它是带着性格印记的。

## 把"诚实"挂在嘴边，不如以行动证明

如果你去市场逛一圈，你的耳朵会被"我不骗你，这东西真不错""骗你我就……"灌满。事实是，你很可能相信了他的鼓吹，买回了一堆"用着可气，丢了可惜"的东西。西方流行这样一句谚语："当真理还在穿鞋的时候，谎言已跑出很远了。"要知道，当有些人觉得有利可图的时候，往往会选择将"诚实"挂在嘴边，当他们不停地念叨"不骗你"时，往往最不可信。

又到了发工资的时间，这次丈夫却只交给妻子一小部分，妻子问丈夫："这次工资这么少，钱都哪儿去了？"丈夫眨了眨眼说："最近公司效益特别不好，每个人都只领到一部分工资。"妻子说："不可能啊，上午我还碰到你们部门的王经理，没听他说你们公司效益不好啊？"丈夫红着脸，有些着急地说："你怎么不相信我？我什么时候骗过你？我是什么人你还不知道吗？"妻子没有相信丈夫的话，她佯装要给丈夫的领导打电话，丈夫无奈只好承认自己将工资都赌输了。

当一个人心里发虚想让你相信的时候，他会特别强调自己是"诚实"的，越是这样说，越体现了他内心的忐忑不安，底气不足。如果你在他表明自己是"诚实"的时候保持沉默，他会变得更加心虚，以为自己受到了怀疑。为了取信于你，他不停地提到"诚实"，和你赌咒发誓的，就像例子中的丈夫一样，他用了三个疑问句来表明自己是"诚实"的，殊不知，这些越描越黑的话正泄露了他的不可信。对于心怀坦荡的人来说，他们做出了解释，心情就是轻松的，他不会再多说什么了。反之，如果总是唠唠叨叨地向你表明自己是诚实的，这样的人往往不可信。

仔细观察可以发现，总是把"诚实"挂在嘴边的人，经常说错话。他们的话经常前后矛盾，让你想不怀疑都难。其实我们每个人，都有在无意识中说出奇怪的话的经历。心理学家弗洛伊德认为，说错、听错，或者是写错等"错误行为"，都是将内心真正的愿望表现出来的行为。

一般情况下，说错话的一方都会找出自己是"不小心""不是真心的"等借口，他们会说："我不骗你，是真的，我那样说是不小心的！"但实际上，那不小心说错的话，其实才是他真正想说的。这在人们的日常生活中，可以说是屡见不鲜。如果你的交谈对象是个常常会说错话的人，我们可以推断他们是习惯性地隐藏"真正自己"的人，也是个表里不一的人。而且，他们心中总很强烈地禁止自己把真心话表露出来。

"这件事绝不能讲出来""这事绝不能弄错，非小心不可"，当他们越这么想的时候，便越容易将它说出来。相信很多人在日常生活中，也会遇到类似的情形吧！越是被禁止的东西，越去压抑它，就越容易流露出来。

总而言之，暗藏在交流对象心中的许多事情，当他们越想要去隐瞒它、掩盖它的时候，就越容易说错话或做错事，无意之间让心虚表露无遗。


# 6 种说话习惯的人，防不胜防

"一样米，养百样人。"每个人的说话方式都不同，不同的说话方式体现了不同人的个性特点，本文将此总结一下。如果你的身边有以下几种类型的人，你就要小心提防了：

## 1. 吹嘘有靠山的人

一些到处吹嘘、宣扬自己有靠山的人总是在别人不问及这种事时，自动把这个"秘密"得意扬扬地说出来。

他们吹嘘的内容，大致如下：

"我在某部门可畅通无阻。因为，在某部门很镇得住的一位有力人士是我的近亲。所以，要打通关节，简直易如反掌。"

"在某医科大学，我有交情匪浅的几位教授，如果你的孩子想进那所大学，我可替你拉线……"

对这种人，你绝对要小心。因为，当你真的想通过他与有力人士搭上线，请他促成某一件事时，他一定开口说下面的话：

"介绍某某跟你认识，当然可以，但你打算出多少钱作为见面礼？"

"进医科大学，可得花一大笔钱。"

如果你详加调查，就会发现如下的事实：他说的交情匪浅的前辈，根本就不屑与他为伍；他说的有力人士，原来是虚构的人物；他说的教授，人家根本就不认识他。

## 2.轻易许诺的人

这种类型的人，别人越向他请求什么，或是托他办什么事，他就越振作。他们答应别人的要求时，总是毫不犹豫、轻松愉快，但事后却几乎都是食言而不了了之。

如果轻信他们，你就极有可能掉入陷阱。

对那些一开始就没有替人办事的真心，却事无巨细、一律轻诺的人，应列入不可信任人物之列。对这种人千万不能轻信，否则，你将遭到意想不到的损失。

## 3.因人而变的人

为了与客户应酬，花公司的交际费时，如上司不在场，总是把最贵的威士忌当茶猛喝；如上司在场，就故意装客气地说："我喝啤酒就好了。"

在部属面前，总是摆出科长的臭架子，一副唯我独尊的样子；可是，在上司面前就摇身一变，像伺候国王那样，毕恭毕敬。

这类因对象的不同而改变态度、主张的"善变型"人物，也不值得信赖。当他对你诚恳地说："这件事情的真相，其实是这样的……"或是说："这个秘密我只能对你说……"你也千万不要因他诚恳的口气而轻信。因为他在别人面前，八成也会说这种话。换句话说，他是个"一口两舌"的撒谎者。如此判定，你才不至于吃大亏。

这一类型的人，具备"善变"的本领，而且天天琢磨此技，其编造口实、假装正经的技巧，越来越高明。虽然在目前，好像不会让你受害，但你若太大意，有朝一日，定会掉在他的巧妙圈套里，使你元气大伤。

## 4. 搬弄是非的人

不要以为把是非告诉你的人便是你的朋友，他们很可能是希望从中得到更多的谈话材料，从你的反应中再编造故事，所以，聪明的人不会与这种人推心置腹。而令他远离你的办法，是对任何有关你的传闻反应冷淡，无须作答。

如对方总是不厌其烦地把不利于你的是非辗转相告，以至于对你的情绪造成很大的负面影响，你应拒绝和他见面或不接他的电话，此类人不宜过多交往。

### 5. 嘴巴甜的人

这种人开口便是大哥大姐，叫得又自然、又亲热，也不管他和你认识多久；除此之外，还善于恭维你，拍你"马屁"，把你"哄"得麻酥酥的。这种人因为嘴巴伶俐，容易使人毫不设防，如果他对你有不轨之图，你的陶醉不就上了他的当？而且，你会因为他的奉承而不去注意他品行上的其他缺点，容易把小人当君子，把坏人当好人！

此外，这种人可以轻易对你如此，对别人当然也可如此。所以，碰到嘴巴甜、会奉承的人，你必须升起你的警戒网，和他保持距离，以便好好观察。如果你冷静地不予热烈回应，若对方有不轨之图，便会自讨没趣，露出原形。不过，为了避免"以言废人"，你不必先入为主地拒他于千里之外，但是须随时警醒。

### 6. 隐忌掩饰的人

这种人好像没有脾气，你骂他、打他、羞辱他，他都笑眯眯的，即使不高兴，也藏在心里，让你看不出来。这种人把自己隐藏起来，不让你知道他的过去，也不让你知道他对某些事情的看法。换句话说，是个深沉、难测的人。你搞不清楚这种人心里在想些什么，也搞不清楚他的好恶及情绪波动，碰到这种人，真的让人无从应对，如果他对你有不轨之图，你是无从防备的。因此对这种人，你要避免流露出内心的秘密，更不可和他谈论私人的事情。与这种人保持礼貌性的交往，同时，也要避免做出得罪他的事。

## 名字还是昵称，判断彼此的亲近程度

有一天，很亲近的朋友忽然用"您""府上"这种字眼称呼你，相信你一定会有打他一拳的冲动，你会感到诧异："他是不是疯了？他没病吧？"是的，这种冷冰冰的称呼让你有种不知所措的感觉，除了不舒服你也感受不到丝毫的亲近感。这样的称呼仿佛一下子就把你们之间的距离拉远了。

小莉进入单位的第一天，领导带她认识部门同事时，她非常恭敬地称对方为老师，不少同事欣然接受。3个月过去了，有一天，部门的一位女同事递给小莉一份快递，小莉很有礼貌地说："谢谢您，老师。"这位女同事连忙摇头："大家是同事，你可别再叫我老师了，直接叫我名字就可以了。"

可见，称呼并不是简单地喊名字或使用尊称，它还体现着双方关系发展的程度。在人际交往中，可以根据他人对我们的称谓——名字、昵称或是尊称"您"，来判断彼此之间的亲近程度。

### 1.称呼你的职务、头衔

如：李经理、王主任、张总，等等。一般别人在称呼你的时候加上你的头衔，这表示他对你敬意有加，他重视你的地位，一般对权力和权威很难抗拒。这种称呼也是中规中矩的，是社交场合中最常见的一种称呼。

### 2.称呼你的行业

如：李老师、王会计、张律师，等等。如果你是个从事某些特定行业的人，这样称呼你的往往是你的同事，他和你保持着不远不近的距离，这样的人往往性格内向，略显拘谨。

### 3.称呼你的名字

一般来说，初次见面就直呼你姓名的人比较少见，一般都是熟悉起来的朋友，大大咧咧地喊你的名字甚至昵称。如果对方是和你关系比较亲近的同事、邻居，他往往会在你的姓前加上"老、大、小"等前缀。这样的人往往性格开朗，爱说爱笑，对你的好感也毫不避讳。

### 4.叫你的外号

如：小泥鳅、小蚯蚓、大笨猪，等等。能这样称呼你的人，不是你的发小就是你的恋人。你想从他的嘴里得到恭维话，那简直比登天还难。和你相处，他很轻松随意。尽管他的性格里有些逃避的成分，往往不是很积极，而且还总装着对你毫不在乎，但其实在他的心里你才是最亲近的朋友。

中国是礼仪之邦，称呼礼仪可谓丰富多彩。在社交生活中，称呼除了体现人与人之间关系的亲疏远近之外，有时候还和具体的语言环境有关。如不同的企业就有不同的称呼。一般来说在欧美企业，无论是同事之间，还是上下级之间，一般都是互叫英文名字，即使是对上司甚至老板也是如此。如果别人用职务称呼你，反而会让你觉得别扭。而有些企业注重传统，企业文化比较正规严肃，大家可能会根据习惯，称呼你为"老师"。这个称呼还适用于文化气氛浓厚的单位，比如报社、电视台、文艺团体、文化馆等。这个称呼能表达出对学识、能力的认可和尊重，因此受到文化单位职业人的青睐。这样的称呼适用性很广，很多人在拿不定主意称呼你什么的时候，往往都会选择称呼你为"老师"。

## "旧调重弹"的话题，希望你继续追问下去

你一定有这样的经历：某一天你遇到一个不厌其烦、旧调重弹的人，他的喋喋不休搞得你想插嘴都难，他沉浸在自己的世界里无法自拔。你有大吼"受不了了"的冲动，可是出于礼貌却不得不忍受……每个人都有喜欢的话题、爱讲的小故事或美好的回

忆。除了年老健忘之外，经常旧调重弹不顾及他人感受的，一般是出于以下两个目的：他想避免谈话中断时的尴尬，所以用这些话搪塞过去；或是想确认你能收到他内心的信息，希望你能继续追问下去。

小丽是一个体重超重的女孩。在一次联谊会上，她一会儿和人大谈特谈自己18岁时苗条秀美的样子，一会儿又把那时的照片翻出来给大家看。看着大家都失去了兴趣才转向聊其他的话题，她又不止一次地提起自己5年前减肥成功的事迹。她说："我那时候真胖啊，比现在还胖呢，有二百多斤，后来吃了减肥药又拼命运动，还真瘦了……"她的唠叨渐渐引起大家的反感，联谊会的气氛顿时尴尬起来。

从例子可以看出，小丽这样多次旧调重弹无非是想引起大家的注意，对她的话题追问下去。话题的不断重复和这些明显的自吹自擂，表示小丽内心极度缺乏安全感，这可能是由于她体重超标引发的。她也很想被接纳，甚至不惜把话题引到女孩避讳的体重上。她利用这样的话题来确认大家接收到了她内心的一些讯息，她想让大家对她的话题发问："怎么变胖了？怎么减肥成功了？"这些问题在她心中已经有了预设的答案，她很期待大家发问，这也表明她的内心很孤独。家里年迈的老人也常常有这样的表现，他们"拉不断、扯不断"，絮絮叨叨地重复着同一话题。他们内心希望的是我们能像小时候听他们讲故事一样，在关键的时候表现极大的兴趣，追问他们："接下来呢？下面发生了什么？"

如果你遇到沉迷到某个话题无法自拔的人，不要试图打断他。从他的谈话内容中，你可以寻找到他内心的答案，究竟什么因素引起了他的焦虑、不安、困惑或者是欢喜和满足？不管原因为何，你要知道，他的思绪已经被一些事物完全占满，暂时无法容纳其他的事物。这些事情不会凭空消失，无法被忽略，这些看起来无关痛痒的事物，你的交流者却迫切地想让你知道，即使你明确地表示你已了解，也不一定会转移他的注意力。

## 总提及家人名声和财富的人，爱炫耀

　　家人，是带给我们关怀、照顾和幸福的人；家人，是前进道路上的精神支柱。可以说，家人在每个人的心中都占据非常重要的位置，然而，生活中的有些人，他们会不住地提及家人，但他们强调的不是对家人的爱及感激，而是因为家人有着显赫的地位或者很多的财富，他们口口声声强调的总是家人的名声或财富，充满着炫耀心理。这类人信奉"背靠大树好乘凉"，不想靠自己的努力，只希望借着家人的东风，平步青云。这样的人永远不会凭借自己的实力获得成功。

　　可以说，从一个人对家人、对家庭的态度就能够看出来这个人对生活、对工作的态度。有的人关心家庭、爱护家人，即使工作很忙，也会抽时间和家人一起吃饭。家庭是他们心灵的港湾，家人带给他们快乐，他们会以家人为骄傲，在和同事出游、和朋友谈心、和领导聊天的时候，他们言语间总会不自觉地说起他们自己的家人。这样的人，对待生活很认真、很乐观，对待工作自然也不会差，因为有家人在背后支持着他们。

而有的人，很少提及家人，你几乎不知道他还有个姐姐或者弟弟、妹妹。这样的人，一方面可能是由于其他方面的事情太多以至于忽略了家人，另一方面可能是因为受过伤害，例如，孤儿、或者父母离异、或者家庭不幸福的人。就前者而言，在当今社会，现代人承受着巨大的工作压力，他们也许会因为工作而缺少对家人和家庭生活质量的关注。

如果因为工作而忽略了家人的感受，即使在工作上再成功，也还是最大的失败者。几乎每个成功的人士，都会反复强调家人的重要性，他们对家人充满着爱与感激，可见家人在一个人的成功过程中起了多么大的作用。

我们如果想了解一个人，可以观察他在什么情况下提及家人，这与他对家人的态度、他对生活的态度是紧密相关的。有些人在外人面前表现得和蔼可亲、温文尔雅，而在家人特别是在配偶面前却很容易发脾气，在外工作不顺或受气后，把这些坏情绪转嫁给亲人，使亲人的身心受到损害。

每个人每天都要离开家去上学或上班，融入另一个社会群体中，他们与其他人的接触一定少不了。他们认为，在外面，不论喜欢不喜欢，无论面对什么人，他们不得不戴上面具，忍气吞声、卑躬屈膝，甚至装模作样。好不容易回到家里，终于可以舒一口气了。可是，他们却会在不知不觉中伤害了家人。他们会认为家人就应该接纳自己的所有负面情绪，帮助自己进行发泄，如果家人稍有微词，他们就会觉得家人不理解自己，就会对家人产生怨气，就不会以家人为骄傲，也会很少对别人提及家人。

与亲人一起的时候应该是人生中最美好、快乐的时光。对家人的付出也应该充满感恩的心情，多关注家人，多给家人以肯定。虽然大家都知道这些，可在现实生活中，有的人往往却做不到。例如，许多男人下班回来，无视太太为了小孩及预备晚餐忙得团团转，自己却跷起二郎腿看电视、读报纸。其实，这时先生如果对妻子说："亲爱的，我跟孩子玩，让你专心做饭。"妻子心情自然会好，家庭气氛也可以温馨祥和。许多妻子一看到丈夫回家，就唠里唠叨，抱怨这个抱怨那个，丈夫也很不开心。其实，对于妻子来说，如果有什么伤脑筋的事要告诉先生，比如：屋顶漏了要翻修、临时有一笔庞大的开支、小孩成绩退步很多等，必须衡量时机，不要在他刚进家门、一天上班的紧张情绪尚未平静下来之前，就对他念念叨叨。

家庭的地位和工作都同样重要，只有那些重视家庭的人，才能拥有快乐的家庭生活，才会有良好的工作绩效。那些关注家人，与家人保持良好的互动，了解家人需要的人，才不会因为工作压力影响心情，才不会造成家人彼此之间的疏远。